南方传媒蓝皮书

数字营销蓝皮书

Digital Marketing Blue Book

阳翼 著

暨南大学出版社
JINAN UNIVERSITY PRESS

中国·广州

图书在版编目（CIP）数据

数字营销蓝皮书/阳翼著. —广州：暨南大学出版社，2013. 6
（南方传媒蓝皮书）
ISBN 978 - 7 - 5668 - 0746 - 5

Ⅰ. ①数… Ⅱ. ①阳… Ⅲ. ①数字技术—应用—市场营销—研究
Ⅳ. ①F713. 50

中国版本图书馆 CIP 数据核字（2013）第 212781 号

数字营销蓝皮书
著　　者：阳　翼

策划编辑：杜小陆　史学英
责任编辑：齐　心
责任校对：刘　璇　黄　斯

地　　址：中国广州暨南大学
电　　话：总编室（8620）85221601
营销部（8620）85225284　85228291　85228292（邮购）
传　　真：（8620）85221583（办公室）　85223774（营销部）
邮　　编：510630
网　　址：http：//www. jnupress. com　http：//press. jnu. edu. cn
排　　版：广海照排设计中心
印　　刷：佛山市浩文彩色印刷有限公司
开　　本：787mm × 1092mm　1/16
印　　张：12. 75
字　　数：225 千
版　　次：2013 年 6 月第 1 版
印　　次：2013 年 6 月第 1 次
定　　价：28. 00 元

前　言

18年前，一位名叫尼古拉斯·尼葛洛庞帝（Nicholas Negroponte）的美国人出版了一部被誉为“二十世纪信息技术及理念发展圣经”的书——《数字化生存》（*Being Digital*），在这部后来被译成四十多种语言的经典著作里，作者描绘了“世界由原子蜕变为比特”的数字化生存状态。如今，这一切都已成为现实。微博、微信、微电影、搜索引擎、二维码、LBS、IPTV、电子游戏、电子商务……令人眼花缭乱的数字元素已经彻底改变了人们的生活方式和消费形态，而作为以消费者为中心的现代营销，也不可避免地在进行着一场革命。数字化浪潮中的营销人，要么顺应大势，成为时代的弄潮儿；要么故步自封，淹没在数字的大浪之中。我们撰写本书的目的，就是要为在数字海洋中航行的营销人捎去一枚指南针。

全书分为上篇、下篇两部分。上篇“数字化生活方式调研报告”通过大规模问卷调查和数据分析，描绘了中国跨世代（“60后”至“00后”）消费者数字化生活方式的基本特征，并指出了对其开展数字营销的核心策略；下篇“数字营销十大标杆个案”从近两年的艾菲奖、长城奖、金投赏等获奖作品中精选了微博营销、SNS营销、搜索营销、移动营销、虚拟游戏营销、微电影营销、企业网络社区以及数字整合营销等领域最具代表性的十个案例，并作了全面解读。上、下两篇点面结合、定量研究与定性分析结合，不但尝试回答“是什么”和“为什么”，更告诉读者该“怎么做”。

数字时代，机遇与挑战并存，只有不断更新自己的知识体系和思维方式，才能经受住数字化浪潮的巨大冲击和挑战。

营销人，你准备好了吗？

阳　翼

二〇一三年六月

目　录

下篇　数字营销十大标杆个案

上　篇

数字化生活方式调研报告

数字时代的到来是人类发展史上划时代的革命，它昭示着一种新的文明形态的出现①。正如有学者指出的那样，“以电脑、信息技术为基础的因特网的普及所开辟的网络时代，把人类社会推向了一个新纪元。因特网所开辟的将是一种崭新的生活方式—— 数字化生活”②。尼葛洛庞帝在《数字化生存》中描绘的数字时代，已然在不经意间来到了我们身边。进入21世纪以来，数字技术越来越深刻地影响到人类生活的方方面面，悄然改变着人们的生活方式与消费模式，对于营销/广告人而言，深入解读消费者的数字化生活方式特征，对其在未来的市场竞争中取得先机，显得尤为重要和迫切。

第一章　文献综述

从文献搜索的结果来看，国内外学者对消费者数字化生活方式的研究较为缺乏，对这一未知领域的探索，既是一个机遇，同时也是一个挑战。

一、生活方式研究

1. 生活方式的定义

生活方式最早属于社会学的概念，是社会学领域内的一个重要的理论范畴③。Feldman 和 Thielbar（1971）把生活方式归结为四个主要特征④：①生活方式是一种群体现象；②生活方式覆盖了生活的各个方面；③生活方式反映了一个人的核心利益；④生活方式在不同的人口统计学变量上表现出差异。

王雅林（1995）认为，生活方式的定义有广义和狭义之分：广义的生活方式包括人们的劳动生活、政治生活、物质消费生活、闲暇和精神文化

① 毛华滨．数字化的人文反思与人文走向［J］．云南社会科学，2007（6）：72～75.
② 贺善侃．网络时代：社会发展的新纪元［M］．上海：上海辞书出版社，2004. 15.
③ 马姝，夏建中．西方生活方式研究理论综述［J］．江西社会科学，2004（1）：242～247.
④ 阳翼．中国独生代消费行为研究［M］．广州：暨南大学出版社，2008. 41.

生活、交往生活、宗教生活等广阔领域；狭义的生活方式是指人们的日常生活，如物质消费生活、闲暇和精神文化生活、家庭里的生活活动等，简单地说是指“衣食住行乐”领域①。

后来，有学者将人口统计变量加入生活方式的研究中，成为营销领域研究的开端。Lazer（1964）最早研究了生活方式和营销的关系。他认为生活方式是“整个社会或社会中群体的独特生活模式”②。Lazer 还提出，生活方式是由消费者的活动（Activity）、兴趣（Interest）和意见（Opinion）构成，简称“AIO”，这也是 AIO 量表的雏形（1974）③。著名的营销学者菲利普·科特勒（Philip Kotler，1998）对生活方式的定义也包括这三个维度的内容，他认为：生活方式是个人生活的形式，可以由其消费形态表现出来。不同的是，科特勒主张生活方式是一种动态的现象，根据不同的历史时期、地理环境、文化观念及社会环境，生活方式会发生多次改变④。

生活方式应用于消费者市场细分研究是从 20 世纪 60 年代末 70 年代初开始的。美国学者 Plummer（1974）首次系统阐述了生活方式市场细分理论的相关概念和应用。他在《生活方式市场细分的概念与应用》一文中提出，生活方式把消费者看作一个整体，描绘出消费者的本质以及行为方式⑤。Anderson & Golden（1984）提出生活方式是指与人们的经济水平、所支配的金钱和使用的时间有关的活动。消费行为学专家所罗门（Michael R. Solomon，2000）在他的经典教程《消费者行为学》一书中更是直接指出，生活方式是“一个人花费时间和金钱的方式”⑥。

国内学者对生活方式的研究也经历了从社会学向营销学的转变。符国群等（2000）认为生活方式是个体在成长过程中，在与社会诸因素相互作用下表现出来的活动、兴趣和态度模式⑦。卢泰宏（2005）总结出生活方

---

① 阳翼．中国独生代消费行为研究［M］．广州：暨南大学出版社，2008. 41.

② Aaron Ahuvia，阳翼．“生活方式”研究综述：一个消费者行为学的视角［J］．商业经济与管理，2005（8）：32～38.

③ Lazer，W. *Lifestyle Concepts & Marketing*，*Toward Scientific Marketing*［M］．Chicago：American Marketing Assn，1963. pp. 64－105.

④［美］P．科特勒 & G．阿姆斯特朗．市场营销原理［M］．赵平等译．北京：清华大学出版社，1999.

⑤ Plummer，T. The concept and application of lifestyle segmentation［J］．*Journal of Marketing*，1974（1）：pp. 33－37.

⑥［美］迈克尔·R．所罗门，［中］卢泰宏．消费者行为学（第六版）［M］．北京：电子工业出版社，2006. 125.

⑦ 符国群．消费者行为学［M］．武汉：武汉大学出版社，2000. 138.

式是一种消费模式，它反映了一个人如何使用时间和金钱①。Ahuvia 和阳翼（2005）则认为，“生活方式是一种综合的概念，可以定义为人们花费时间和金钱的类型，它反映了一个人的活动、兴趣和意见”②。

2. 生活方式的测量

在研究中，经常被用来测量消费者生活方式的量表主要有活动、兴趣、意见量表（AIO）、价值观和生活方式量表（Values and Lifestyle，简称VALS）等。

AIO 是由 Well & Tigert（1971）设计的，有 300 多个问题。主要通过考察消费者的活动、兴趣、意见三个维度来反映消费者的生活方式。后 Plummer（1974）将人口统计变量引入 AIO 量表之中，他认为应该从四个维度来衡量消费者的生活方式。

表 1.1 AIO 量表的维度③

生活方式维度			
活动	兴趣	意见	人口统计量
工作	家庭	他人	年龄
业余爱好	房屋	社会热点	教育程度
社交活动	工作	政治	收入
旅游	社区	商业	职务
娱乐	娱乐	经济	家庭成员
会员活动	时尚	教育	住址
社区	食物	生产力	区域
购物	媒体	未来	城市
运动	成就	文化	年龄段

VALS 量表是由斯坦福研究所（SRI）的 Mitchell 和 Spengler（1978）开发出来的，它综合了社会心理学家马斯洛（1954）的需求层次理论和社

① 卢泰宏等．中国消费者行为报告［M］．北京：中国社会科学出版社，2005. 54.

② Aaron Ahuvia，阳翼．“生活方式”研究综述：一个消费者行为学的视角［J］．商业经济与管理，2005（8）：32～38.

③ Plummer，T. The concept and application of lifestyle segmentation［J］. *Journal of Marketing*，1974（1）：pp. 33－37.

会学家戴维·瑞斯曼（1950）提出的“驱动说”。最初的VALS将消费者区分为需要驱动组群体、外向组群体、内向组群体以及上述三种组群的整合群体。1989年SRI引入了新的VALS2生活方式细分系统。VALS2依据消费者构成（收入、教育程度、自信、健康、购买欲、信息、能级）和消费者自我取向或驱动因子将美国消费者分成了八大群体。自我取向包括原则取向、成就取向和行为取向（Hanspal，2001）。VALS2试图通过选择消费者更具相对持久性的个性特征将生活方式进行细分，其主要目的是寻找出态度和消费行为之间的明确关系①。

中国学者吴垠根据中国消费者的特点，对VALS量表进行了改良，并开发出China-VALS量表②。1997年至2001年间吴垠博士对中国内地30个重点城市共计70 684名15～64岁的消费者进行调查，将得到的数据运用统计方法对消费者的心理、价值观、生活方式做了分析，建立了中国内地消费者生活形态的模型，即China-VALS。因为其数据收集广泛，方法科学，结果可靠，所以为很多学者所认可，并被运用于我国内地消费者的生活方式研究。在China-VALS中，研究者根据消费者的心理特点将消费者的生活形态分为14个类别，同时，按生活形态将消费者分为3个派别，即积极形态派、求进务实派、平稳现实派；按社会分层将消费者分为5个层次，即上层、中上层、中层、中下层、下层。③

VALS2模型的运用十分广泛，但是同样存在局限性：它考查的是美国的消费者行为，对于美国以外的国家来说，其适用性大大减弱。另外，VALS2过度依赖“自我取向”因子，从而忽视了家庭其他成员的干扰作用。目前国内外对于数字化生活方式量表的开发极为有限，不具有广泛代表性。

本研究主要借鉴AIO量表进行数字化生活方式量表的构建。

二、数字化生活方式研究

“数字化生活方式”带有鲜明的时代气息，它依托先进的信息技术，让个人在信息时代可以更加灵活、便捷地接受信息、处理信息、交流信息，成为信息的驾驭者，从而提高学习、生活、工作、休闲娱乐的品质。

---

① Ma，F. Lifestyle Segmentation of the Chinese Consumer［C］. Asia Pacifil Conference，2004.

② 吴垠．关于中国消费者分群范式China-VALS的研究［J］．南开管理评论，2005，8（2）：9.

③ 于兆轩．生活方式营销在住宅市场的应用研究［D］．赣南师范学院硕士学位论文，2011.

数字化生活方式是一种全新的生活状态和生活风格，代表着追求现代、高效、优雅、不断创新的生活方式，其基本特征包括：数字化的信息是主要的信息形式；数字化信息在各机构部门、各类设备之间实现共享和交换；信息本身就是主要消费产品之一。

“数字化”一词由英文单词“digital”翻译而来，最早出现于尼葛洛庞帝的 *Being Digital*（《数字化生存》）中。关于“数字化”的定义，从计算机科学的角度来解释，是指将信息通过计算机处理，转变成以 0 和 1 表示的一系列二进制代码。研究文献中很少有对“数字化”进行定义的，大部分默认数字化是一种基于计算机和网络的技术应用。

《数字化生存》一书中描绘了信息技术在未来给人们的工作、生活和教育等带来的种种冲击。尼葛洛庞帝认为，数字化生存即是指人类在虚拟的、数字化的活动空间里从事信息传播、交流等活动①。王雅琳、黄莺认为，数字化生存就是信息化、数字化、网络化等科技革命与人的生存方式变革的内在联系与结构关系②。米切尔认为，数字化生存是“数字化”对人类多层面影响的结果③。张丽霞等人认为，数字化生存就是利用数字技术在数字化空间中工作、学习和生活的全新生存方式，是以数字形式体现的社会生存状态，是在数字环境中所发生的一切行为的总和、体验与感受④。

国外学者的研究中，Charmonman 等（2005）认为，数字化生活方式是由各种各样的“电子”支撑的，包括电子拍卖、电子银行、电子商务乃至电子动物园⑤。这是从数字化生活的实际应用方面提出的定义。Boll（2008）认为，有三个关键因素使我们的生活方式变得数字化：满足多元化用户应用的可便捷获取的多媒体内容、支持用户交流的沟通和信息设备、友好地传递数字内容的智能设备⑥。

---

① ［美］尼葛洛庞帝．数字化生存［M］．胡泳等译．海口：海南出版社，1997. 7.

② 王雅林，黄莺．“数字化生存”挑战与生活方式的建构性调适［J］．自然辩证法研究，2003，19（6）．

③ 李文刚．用数字说话——数字新闻的理论与操作［M］．天津：天津人民出版社，2000. 31.

④ 张丽霞，袁丽．数字化生存能力的内涵与结构解析［J］．中国电化教育，2012．（1）

⑤ Srisakdi Charmonman，Natanicha Chorpothong. Digital Lifestyle and the Road Ahead［J］. *Special Issue of the International Journal of the Computer*，2005. 1－8.

⑥ Hofmann，Gerhard Thomas，Digital Lifestyle 2020［J］. *IEEE Multimedia*，2008，15（2）：4－6.

国外一份关于大学生宿舍数字化生活方式的调查问卷包含了 17 个问题，见表 1.2：

表 1.2　ResHall Digital Lifestyle Survey（2011）

Q1	年龄
Q2	性别
Q3	宿舍类型
Q4	是否拥有智能手机
Q5	智能手机的操作系统
Q6	在宿舍最常使用的电脑设备
Q7	在宿舍是否拥有备用电脑
Q8	备用电脑的类型
Q9	拥有哪种游戏系统
Q10	最能描述你游戏兴趣和活动的语句
Q11	宿舍是否支持游戏系统对你的重要性
Q12	宿舍的网速
Q13	是否通过移动设备（智能手机、笔记本等）浏览网页
Q14	是否在宿舍看视频电影（YouTube、Hulu 等）
Q15	是否在宿舍看网上教程
Q16	是否在宿舍通过电子设备听音乐
Q17	是否在宿舍视频聊天

国内对于数字化生活方式的研究，主要有 CMI 校园营销研究院与新鲜传媒合作的"'90 后'的数字生活：'90 后'大学生研究报告"（2011）以及"移动中的"90 后"大学生研究报告"（2012）。这两份报告从媒介接触习惯、网络接触行为、网络服务应用、网络购物、对网络的态度以及消费行为等角度对"90 后"大学生的数字化生活方式进行了比较详细的研究。但从研究对象来看，数字化生活不仅是"90 后"大学生中存在的现象，也属于年龄较大的"80 后"、"70 后"和"60 后"，以及年纪较小的"00 后"等。再者，从研究方法来看，两项研究均未开发数字化生活方式量表，且未对消费者的数字化生活方式进行聚群分析，这是本研究要弥补的缺憾。

王雅林、黄莺在《“数字化生存”挑战与生活方式的建构性调试》一文中指出：“生活决定”、“生活方式决定”的观点应上升为解决当今社会问题的新标准和社会建构的新方向。数字化与全球化是一个并行不悖的过程。“数字化生存”时代同时也是“全球化生存”时代。另一个重要问题是，生活方式的建构作用取决于自身的“反思性”。数字化条件下生活风险的增加同生活方式的反思性构成一个交互作用的过程。在信息化、数字化、网络化等高科技发展对人们的生存方式产生巨大的影响和塑造作用的条件下，生活方式对“数字化生存”中可能产生的“意义缺失”和“生活风险”等问题具有极大的建构功能，有助于实现科学文化和人文文化的平衡，消解数字化等新技术可能对社会生活产生的负面影响。所以在科学技术日新月异和社会变迁不断加速的条件下更加突显了生活方式研究的意义。而要真正认识这种研究的重要性和充分发挥生活方式在社会发展中的重要建构功能，又必须对我国“新型现代化”和社会转型的实质内涵有创新性的理解与把握①。文章强调了我国数字化进程的特殊性与研究我国数字化生活及其带来的问题的必要性。

通过文献回顾笔者发现，关于数字化生活方式的研究仍处于起步阶段，且大多局限于一个较小的群体，极少有学者对跨世代的数字化生活方式进行系统、全面的研究，尚未有学者从数字化生活方式的视角对消费者进行市场细分，这些都是本研究将要解决的问题。

---

① 王雅林，黄莺．“数字化生存”挑战与生活方式的建构性调试［J］．自然辩证法研究，2003，19（6）：67.

第二章　研究设计

一、研究内容

本研究的主要内容是数字时代消费者的生活方式特征，具体包括三个部分：一是数字化生活方式量表的构建；二是对数字化生活方式的消费者的聚群研究；三是对不同人口统计变量的消费者数字化生活方式的差异研究。

生活方式的分类有很多种，其中出现最多的生活方式类型包括工作、娱乐、社区活动、休闲、运动、购物、健康生活等。本研究选取其中出现频次最多，且受数字技术影响最深刻的五个维度：社交方式、媒介接触、休闲娱乐、数字消费以及网络对我的影响。

在数字时代，社交媒体的发展和更替非常迅速，技术的发展使得即时通讯工具、博客、贴吧、SNS、微博、微信等社交媒体在形式和内容上均得到了极大的丰富，并深刻地改变了人们的社交行为。

数字媒体制造了大量内容，传统媒体也进行了数字化，大量纸媒布局数字出版、门户网站；LED 进驻户外媒体；电视台开通网络播客，布局门户网站……在数字化的大趋势下，人们的媒介接触形式和内容都发生了深刻的变化。

休闲是人类在完成社会必要劳动后，为不断满足多方面需要而处于的一种文化创造、文化欣赏、文化建构的生命状态和行为方式。[①] 3G 时代创造的大量休闲娱乐类 App 已经渐渐占用了人们的空闲时间，人们的休闲娱乐方式在数字时代已经发生了翻天覆地的变化。

消费者的消费行为模式在数字技术的冲击下也已经发生了巨大的变化。近年来，电子商务取得了长足发展，线下实体店的市场份额被众多电子商务瓜分，消费者网络购物的频率大幅增加，真正做到了足不出户，就

---

① 马惠娣．休闲：人类美丽的精神家园［M］．北京：中国经济出版社，2004. 146 ~ 147.

能购买到想买的一切商品。

二、问卷设计

问卷分为数字化程度、数字化生活方式量表和受访者人口统计信息三个部分。

1. 数字化程度

这一部分用来测量受访者处于何种数字化程度，主要标准包括：是否使用智能手机、电脑上网时长、手机上网时长、网购频率、对数字产品的关注度和手机 App 的使用度等。

2. 数字化生活方式量表

数字化生活方式量表采用 AIO 量表形式，即将数字化生活方式测项分为三类：活动（Activity）、兴趣（Interest）、观点（Opinion）。

社交方式由 3 个活动指标和 1 个兴趣指标构成，即通过数字媒体进行人际交往、分享生活行为、谈论数字资讯，参与网络活动的兴趣。

媒介接触内容由 2 个活动指标和 2 个兴趣指标构成，即获取信息行为、使用数字应用行为，了解生活服务信息的兴趣、用手机看新闻的兴趣。

休闲娱乐方式由 1 个活动指标和 2 个观点指标构成，即经常登录固定的网站和社区，认为上网能够享受到轻松和愉悦以及认为网络带来了新的兴趣和爱好。

消费方式由 3 个活动指标、1 个兴趣指标和 2 个观点指标构成，即购买数字产品行为、网购行为、购物前的学习行为，对最新数字产品的兴趣，对网购的观点、对数字支付的观点。

网络对我的影响由 4 个观点指标构成，即拓宽视野、改变看法、影响情绪、提高对公共事务的关注度。

3. 受访者人口统计信息

这部分包括受访者的性别、是否是独生子女、出生年代、受教育程度、职业、所在城市和家庭平均月收入。

三、样本设计

本调查的研究内容包括对中国消费者数字化生活方式的聚群研究、不同地域消费者数字化生活方式的差异研究、不同出生年代消费者的数字化生活方式的差异研究等，因此样本必须覆盖不同地域、不同出生年代，且保证男女性别比例基本持平，具体的样本设计如表 2.1 所示。

表 2.1 样本设计表

<table>
<tr><th>城市</th><th>出生年代</th><th>样本数</th><th>总样本数</th></tr>
<tr><td rowspan="5">北京</td><td>60 年代及以前</td><td>5</td><td rowspan="20">100</td></tr>
<tr><td>70 年代</td><td>5</td></tr>
<tr><td>80 年代</td><td>5</td></tr>
<tr><td>90 年代</td><td>5</td></tr>
<tr><td>00 年代</td><td>5</td></tr>
<tr><td rowspan="5">上海</td><td>60 年代及以前</td><td>5</td></tr>
<tr><td>70 年代</td><td>5</td></tr>
<tr><td>80 年代</td><td>5</td></tr>
<tr><td>90 年代</td><td>5</td></tr>
<tr><td>00 年代</td><td>5</td></tr>
<tr><td rowspan="5">广州</td><td>60 年代及以前</td><td>5</td></tr>
<tr><td>70 年代</td><td>5</td></tr>
<tr><td>80 年代</td><td>5</td></tr>
<tr><td>90 年代</td><td>5</td></tr>
<tr><td>00 年代</td><td>5</td></tr>
<tr><td rowspan="5">深圳</td><td>60 年代及以前</td><td>5</td></tr>
<tr><td>70 年代</td><td>5</td></tr>
<tr><td>80 年代</td><td>5</td></tr>
<tr><td>90 年代</td><td>5</td></tr>
<tr><td>00 年代</td><td>5</td></tr>
<tr><td rowspan="5">二线城市（其他省会城市和直辖市，样本随机分布在中国东南西北各个区域）</td><td>60 年代及以前</td><td>20</td><td rowspan="5">100</td></tr>
<tr><td>70 年代</td><td>20</td></tr>
<tr><td>80 年代</td><td>20</td></tr>
<tr><td>90 年代</td><td>20</td></tr>
<tr><td>00 年代</td><td>20</td></tr>
</table>

（续上表）

城市	出生年代	样本数	总样本数
三线城市（地级市，样本随机分布在中国东南西北各个区域）	60 年代及以前	20	100
	70 年代	20	
	80 年代	20	
	90 年代	20	
	00 年代	20	
四线城市及以下（县级市/县城，样本随机分布在中国东南西北各个区域）	60 年代及以前	20	100
	70 年代	20	
	80 年代	20	
	90 年代	20	
	00 年代	20	

第三章　问卷发放与回收

2013 年 4 月 16—26 日，笔者以每个有效样本 10 元的价格，通过专业问卷调查网站问卷星（www. sojump. com）发放问卷 1 243 份，通过四个标准进行样本筛选：第一，用系统设置答卷最少时间，答卷时间少于 2 分钟的问卷作废；第二，样本须来源于中国内地，凡是来源于国外或境外的问卷作废；第三，设置反向问题“我对最新技术的数字产品完全不感兴趣”，若此问题的得分与该维度其他题项趋于一致，则该问卷作废；第四，问卷未答完的作废。通过筛选，得到有效问卷 545 份，有效回收率为 43. 85%。样本分布情况如下：

第一，性别方面，男性比例占 48. 26%，女性比例占 51. 74%。

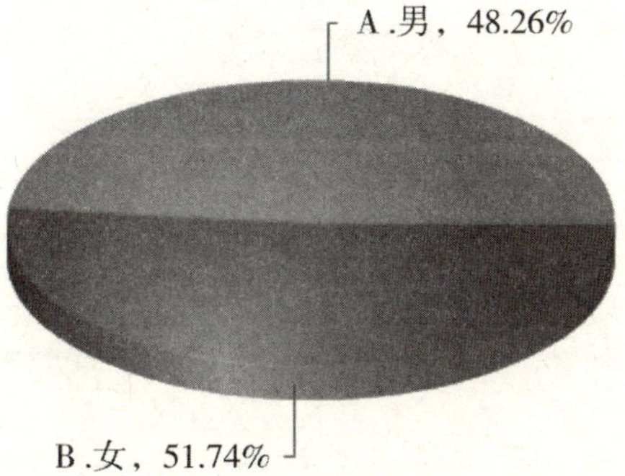

图 3. 1　性别比例分布

第二，是否是独生子女方面，独生子女占 44. 95%，非独生子女占 55. 05%。

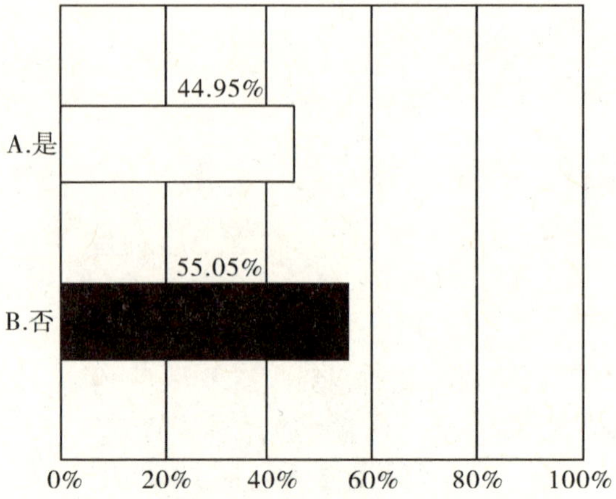

图 3.2　独生子女与非独生子女的比例分布

第三，出生年代方面，60 年代及以前、70 年代、80 年代、90 年代、00 年代所占比例分别为 19.82%，20%、20.92%、19.82% 和 19.45%。

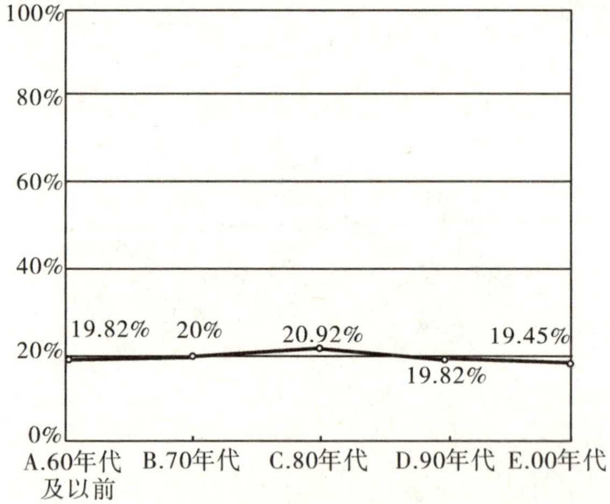

图 3.3　出生年代比例分布

第四，受教育程度方面，以大学本科或同等学力的受访者为主体，占 53.76%；高中（含中专、技校）及以下、大专或同等学力、硕士研究生及以上的受访者分别占 25.69%、15.05% 和 5.5%。

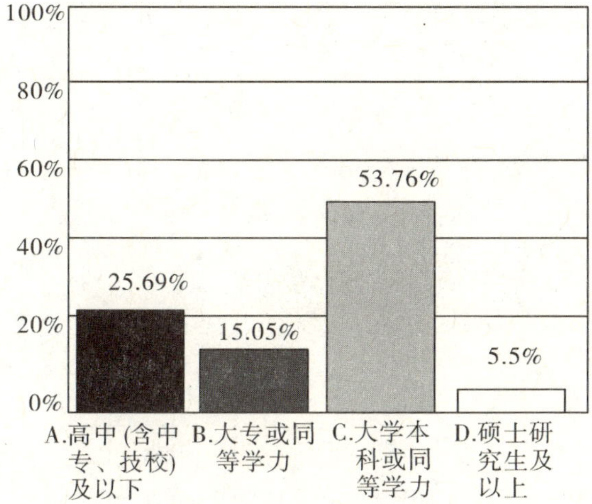

图 3.4　学历比例分布

第五，职业方面，以企业职员为主，占 46.97%；全日制学生、政府机关/事业单位职员与个体户/私营业主所占比例分别为 24.59%、18.9%和 7.16%。

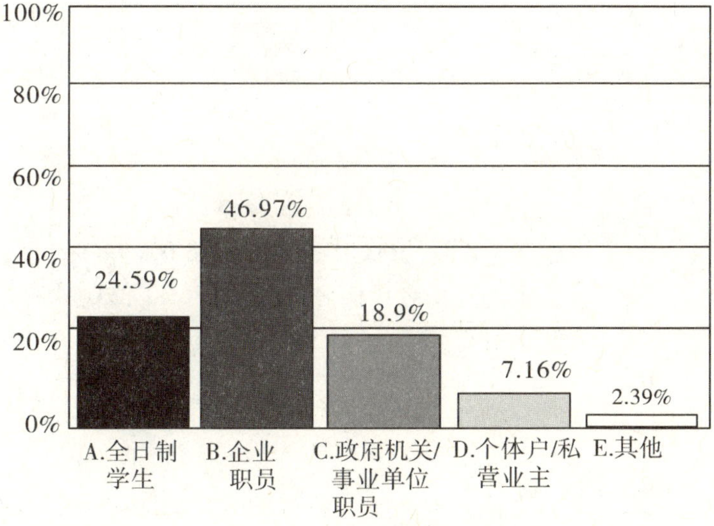

图 3.5　职业比例分布

第六，所在城市方面，本调查的城市分为四类，即一线城市、二线城市、三线城市和四线城市。同时，为了使各大一线城市的样本数基本持平，我们将广州、北京、上海、深圳四大城市单独列出，在原有配额的基础上进行了二次分配。由图 3.6 我们可以得出，一线城市的受访者比例为 26.98%，其中广州占 6.79%、北京占 6.61%、上海占 6.79%、深圳占 6.79%；二线城市、三线城市与四线城市及以下的受访者比例分别为 26.24%、24.04%和 22.75%。

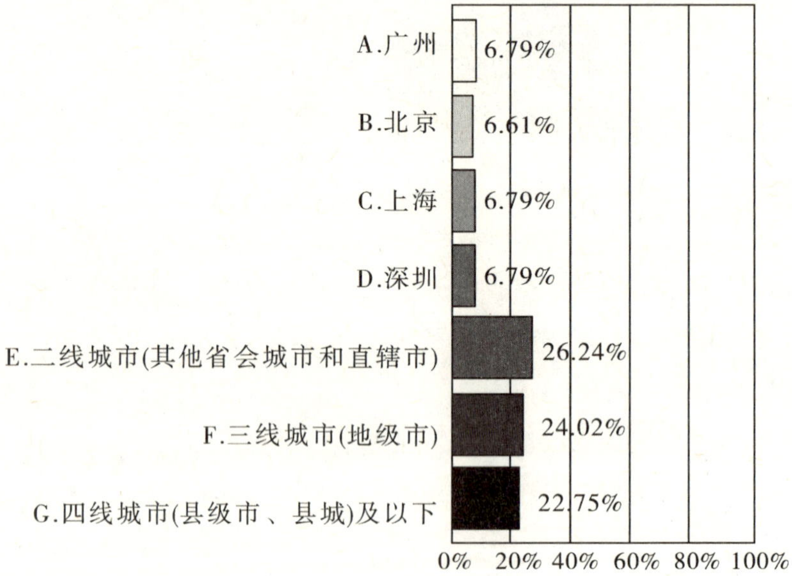

图 3.6　城市分布

第七，家庭平均月收入方面，9 000 元及以上、6 000—8 999 元、3 000—5 999元与 2 999 元及以下的受访者比例分别为 33.76%、33.94%、24.04%和 8.26%。

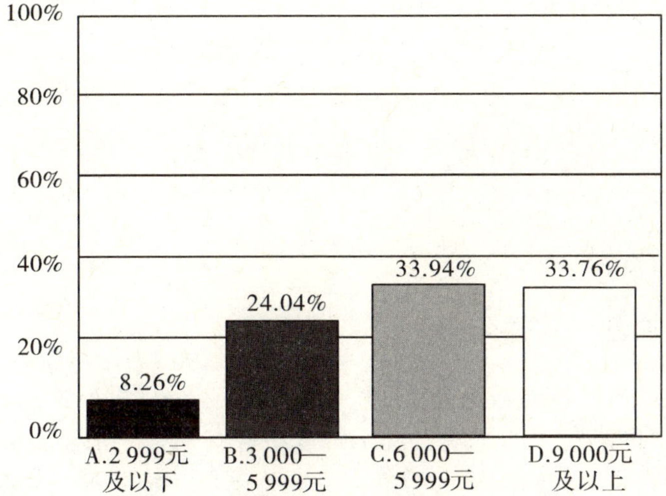

图 3.7　家庭平均月收入比例分布

第四章 数据分析与讨论

一、内部一致性分析

首先用 SPSS 20.0 对 5 个维度做题总相关（item-to-total）分析，“数字消费”和“网络对我的影响”两个维度中各有一个变量需要删除，如表 4.1 所示，“我对最新技术的数字产品完全不感兴趣”属于“数字消费”维度，修正题总相关为 -0.380，小于 0.4；且变量删除后的 Cronbach α 值为 0.764，大于数字消费维度的 Cronbach α 值 0.756，说明删除该变量之后，该维度的内部一致性会提高，因此该变量需要删除。“网络上的信息会影响我的情绪”属于“网络对我的影响”维度，修正题总相关为 0.381，小于 0.4；且变量删除后的 Cronbach α 值为 0.759，大于“网络对我的影响维度”的 Cronbach α 值 0.728，说明删除该变量之后，该维度的内部一致性会提高，因此该变量需要删除。

表 4.1　题总相关分析

变量	所属维度	修正题总相关	变量删除后的 Cronbach α 值
我对最新技术的数字产品完全不感兴趣	数字消费	-0.380	0.764
网络上的信息会影响我的情绪	网络对我的影响	0.381	0.759

再对量表各个维度的数据进行内部一致性分析。5 个维度的内部一致性结果如表 4.2 所示，Cronbach α 值在 0.696 至 0.803 之间，表示量表的内部一致性较高。

表 4.2　内部一致性分析

维度	Cronbach α 值	项数
社交方式	0.756	4
媒介接触	0.696	4
休闲娱乐	0.803	3
数字消费	0.763	6
网络对我的影响	0.728	4

二、消费者数字化程度的频数分析

首先是平均每天使用电脑上网时长，由图 4.1 可得知，33.03% 的受访者平均每天使用电脑的上网时长为 4—6 小时，而上网时长为 2—4 小时和 6—8 小时的受访者分别占 21.28% 和 20.92%，略高于 8 小时上网时长的消费者占 16.88%。而上网时长在 2 小时以下的消费者所占的比例最小，为 7.89%。

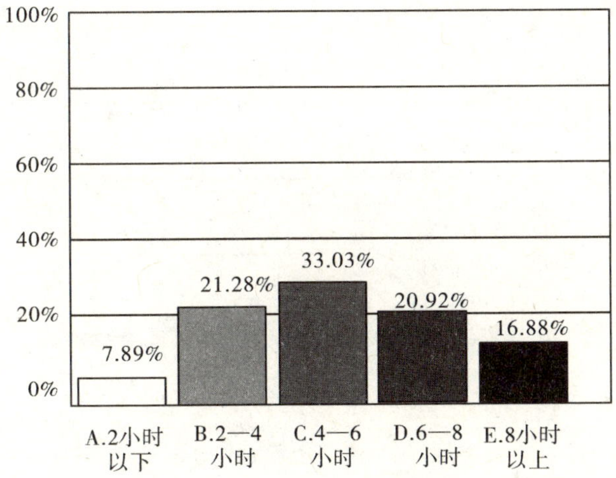

图 4.1　电脑上网时长分布

其次是使用智能手机的总体情况，由表 4.3 可以清晰地得出，使用智能手机的消费者以 92.84% 的比例占绝对优势。而不使用智能手机和不清楚手机是否智能的消费者所占比例分别是 6.79% 和 0.37%，远远低于使用智能手机的消费者比例。由此可见，当前消费者手机智能化水平较高。

表 4.3　智能手机使用度

选项	小计	比例（%）
是	506	92.84%
不是	37	6.79%
不清楚	2	0.37%
本题有效填写人次	545	100%

再次是消费者使用手机进行上网的时长，由图 4.2 可得出，消费者的手机上网时长主要在 4 小时以内，其中 2 小时以下消费者占据总比例的 44.22%，2—4 小时的消费者则以 35.05% 的比例位居第二；而手机上网时长为 4—6 小时、6—8 小时和 8 小时以上的消费者比例分别为 13.39%、5.32% 和 2.02%。

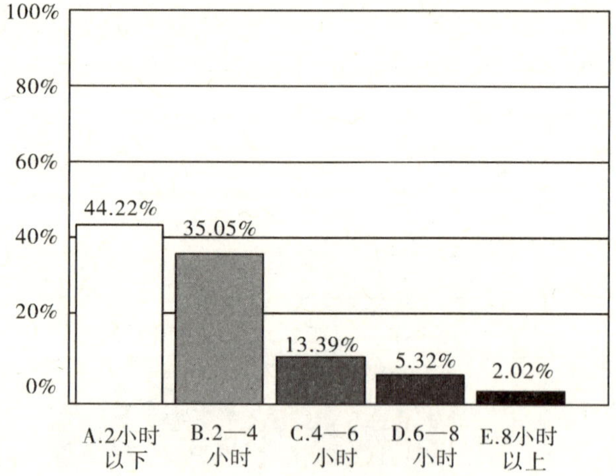

图 4.2　手机上网时长分布

最后是消费者最近一个月的网购次数。由图 4.3 可清晰得出，最近一个月网购次数在 1—3 次和 4—6 次的消费者所占比例基本持平，分别是 38.9% 和 38.53%；7 次及以上的消费者所占比例较低，为 16.88%；而最近一个月没有网购的消费者所占比例最低，为 5.69%。可见，在近一个月有网购经历的消费者比例接近 95%，我们已经大跨步地进入网购时代了。

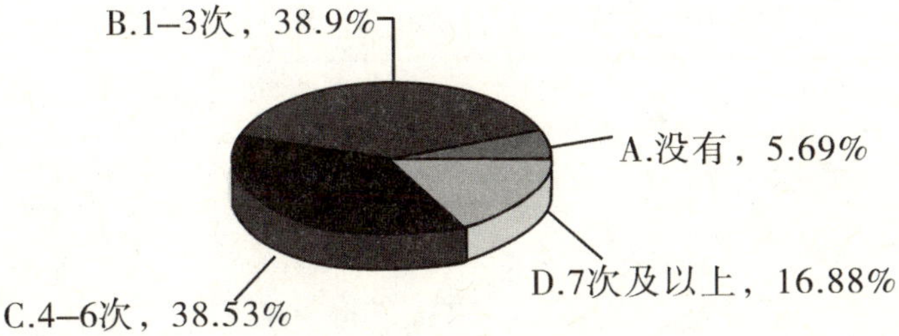

图 4.3　网购频次分布

三、不同人口统计变量的数字化程度差异分析

1. 不同出生年代的数字化程度差异分析

表4.4显示，不同出生年代的消费者在电脑上网时长上有显著差异（$\chi^2=97.818$，$df=16$，$p=0.000$）。平均每天的上网时长在2小时以下的，60年代及以前的为2.8%、70年代的为3.7%、80年代的为1.8%、90年代的为3.7%，00年代的为28.3%；上网时间在6小时以上的，60年代及以前的占47.2%，70年代的占35.8%，80年代的占48.2%，90年代的占32.4%，00年代的占24.6%，80年代的最多，00年代的最少。可见，60年代及以前的、70年代的和80年代的上网时间较长，90年代的、00年代的上网时间较短。这较好理解，因为90年代的和00年代的大部分还在上学，特别是00年代的，还在上小学或初中，大部分时间都还在上课、学习，所以用电脑上网的时间就相对较少了。

表 4.4　出生年代和电脑上网时长的交叉分析

（$N=545$，单位:%）

时长			2小时以下	2—4小时	4—6小时	6—8小时	8小时以上	合计
出生年代	60年代及以前	计数	3	18	36	27	24	108
		所占比例	2.8	16.7	33.3	25.0	22.2	100.0
	70年代	计数	4	19	47	22	17	109
		所占比例	3.7	17.4	43.1	20.2	15.6	100.0

（续上表）

时长			2 小时以下	2—4 小时	4—6 小时	6—8 小时	8 小时以上	合计
出生年代	80 年代	计数	2	21	36	33	22	114
		所占比例	1.8	18.4	31.6	28.9	19.3	100.0
	90 年代	计数	4	29	40	19	16	108
		所占比例	3.7	26.9	37.0	17.6	14.8	100.0
	00 年代	计数	30	29	21	13	13	106
		所占比例	28.3	27.4	19.8	12.3	12.3	100.0
合计		计数	43	116	180	114	92	545
		所占比例	7.9	21.3	33.0	20.9	16.9	100.0
$\chi^2=97.818$，$df=16$，$p=0.000$								

由表 4.5 可知，不同出生年代的消费者在是否使用智能手机上有显著差异（$\chi^2=39.904$，$df=8$，$p=0.000$）。90%以上的 60 年代及以前、70 年代、80 年代和 90 年代出生的消费者都使用智能手机，00 年代出生的消费者使用智能手机的占 79.2%，而且其中有 1.9%的受访者不清楚什么是智能手机。在这一点上，00 年代出生的消费者与其他年代出生的消费者呈现出显著差异，同样，这也与其年龄较小有关。

表 4.5　出生年代和是否使用智能手机的交叉分析

（$N=545$，单位:%）

			是	不是	不清楚	合计
出生年代	60 年代及以前	计数	102	6	0	108
		所占比例	94.4	5.6	0	100.0
	70 年代	计数	105	4	0	109
		所占比例	96.3	3.7	0	100.0
	80 年代	计数	110	4	0	114
		所占比例	96.5	3.5	0	100.0
	90 年代	计数	105	3	0	108
		所占比例	97.2	2.8	0	100.0

（续上表）

			是	不是	不清楚	合计
出生年代	00 年代	计数	84	20	2	106
		所占比例	79.2	18.9	1.9	100.0
合计		计数	506	37	2	545
		所占比例	92.8	6.8	0.4	100.0
$\chi^2=39.904$，$df=8$，$p=0.000$						

由表4.6可知，不同出生年代的消费者在手机上网时长上有显著差异（$\chi^2=29.295$，$df=16$，$p=0.022$）。平均每天用手机上网时长为2小时以下的消费者中，60年代及以前的占50.9%、70年代的占50.5%、80年代的占43.9%、90年代的占34.3%、00年代的占41.5%，每天用手机上网时长在2小时以上的消费者所占比例中，90年代的排第一，00年代的排第二，80年代的、70年代的和60年代及以前的排在第三至第五位。可见，90年代的和00年代的（尤其是90年代的）的移动互联网生活方式更为普遍。

表4.6　出生年代和手机上网时长的交叉分析

（$N=545$，单位:%）

时长			2小时以下	2—4小时	4—6小时	6—8小时	8小时以上	合计
出生年代	60年代及以前	计数	55	42	4	5	2	108
		所占比例	50.9	38.9	3.7	4.6	1.9	100.0
	70年代	计数	55	33	15	6	0	109
		所占比例	50.5	30.3	13.8	5.5	0	100.0
	80年代	计数	50	39	18	6	1	114
		所占比例	43.9	34.2	15.8	5.3	0.9	100.0
	90年代	计数	37	39	22	8	2	108
		所占比例	34.3	36.1	20.4	7.4	1.9	100.0
	00年代	计数	44	38	14	4	6	106
		所占比例	41.5	35.8	13.2	3.8	5.7	100.0
合计		计数	241	191	73	29	11	545
		所占比例	44.2	35.0	13.4	5.3	2.0	100.0
$\chi^2=29.295$，$df=16$，$p=0.022$								

由表4.7可知，不同出生年代的消费者在网络购物次数上有显著差异（$\chi^2=90.240$，$df=12$，$p=0.000$）。20.8%的00年代出生的消费者在最近一个月内没有在网上购物，46.3%的60年代及以前出生的消费者、50.9%的00年代出生的消费者最近一个月的网购次数为1—3次，45.0%的70年代出生的消费者、54.4%的80年代出生的消费者、42.6%的90年代出生的消费者最近一个月的网购次数为4—6次。可见，70年代出生的消费者、80年代出生的消费者和90年代出生的消费者（尤其是80年代出生的消费者）是网络购物的主力军。

表4.7 出生年代和网络购物次数的交叉分析

（$N=545$，单位:%）

网购次数			没有	1—3次	4—6次	7次及以上	合计
出生年代	60年代及以前	计数	2	50	39	17	108
		所占比例	1.9	46.3	36.1	15.7	100.0
	70年代	计数	2	37	49	21	109
		所占比例	1.8	33.9	45.0	19.3	100.0
	80年代	计数	2	32	62	18	114
		所占比例	1.8	28.1	54.4	15.8	100.0
	90年代	计数	3	39	46	20	108
		所占比例	2.8	36.1	42.6	18.5	100.0
	00年代	计数	22	54	14	16	106
		所占比例	20.8	50.9	13.2	15.1	100.0
合计		计数	31	212	210	92	545
		所占比例	5.7	38.9	38.5	16.9	100.0
$\chi^2=90.240$，$df=12$，$p=0.000$							

如表4.8所示，在不同出生年代的消费者对数字产品最新资讯的关注度和手机App使用度的方差齐性检验结果中，$p<0.05$，说明两样本的方差不齐，因此在单因素方差分析中不能选择方差分析。

表 4.8　不同出生年代的方差齐性检验结果

	Levene 统计量	df 1	df 2	显著性
我经常关注数字产品的最新资讯	16.774	4	540	0.000
我经常使用手机 App	8.111	4	540	0.000

选择均值相等性的稳健性检验，检验结果如表 4.9 所示，两者的显著性结果都小于 0.05，因此不同出生年代对数字产品最新资讯的关注度和手机 App 使用度都具有显著差异。

表 4.9　均值相等性的稳健性检验

	统计量 a	df 1	df 2	显著性
我经常关注数字产品的最新资讯	7.421	4	441.150	0.000
我经常使用手机 App	2.797	4	472.623	0.026

不同出生年代的消费者对数字产品最新资讯的关注度和手机 App 使用度的描述统计结果如表 4.10 所示。在数字产品最新资讯的关注度的均值中，由高到低的出生年代分别是 60 年代及以前、80 年代、70 年代、90 年代和 00 年代；在手机 App 的使用度的均值中，由高到低的出生年代分别是 90 年代、80 年代、70 年代、60 年代及以前和 00 年代。可见，由于“00 后”最大也才 13 岁，因此数字产品关注度和手机 App 使用度都较低；“90 后”最喜欢使用手机 App，他们是典型的“移动互联网的一代”。

表 4.10　不同出生年代的描述统计结果

		N	均值	标准差
我经常关注数字产品的最新资讯	60 年代及以前	108	4.00	0.820
	70 年代	109	3.77	0.824
	80 年代	114	3.96	0.721
	90 年代	108	3.74	0.890
	00 年代	106	3.39	1.262
	总数	545	3.77	0.941

（续上表）

		N	均值	标准差
我经常使用手机 App	60 年代及以前	108	4.18	1.092
	70 年代	109	4.20	0.869
	80 年代	114	4.23	0.950
	90 年代	108	4.29	0.876
	00 年代	106	3.86	1.334
	总数	545	4.15	1.044

2. 不同性别的数字化程度差异分析

由表4.11可知，不同性别的消费者在电脑上网时长上无显著差异（$\chi^2=4.130$，$df=4$，$p=0.389$）。

表4.11 不同性别和电脑上网时长的交叉分析

（$N=545$，单位：%）

时长			2 小时以下	2—4 小时	4—6 小时	6—8 小时	8 小时以上	合计
性别	男	计数	18	65	85	54	41	263
		所占比例	6.8	24.7	32.3	20.5	15.6	100.0
	女	计数	25	51	95	60	51	282
		所占比例	8.9	18.1	33.7	21.3	18.1	100.0
合计		计数	43	116	180	114	92	545
		所占比例	7.9	21.3	33.0	20.9	16.9	100.0
$\chi^2=4.130$，$df=4$，$p=0.389$								

由表4.12可知，不同性别的消费者在是否使用智能手机上无显著差异（$\chi^2=0.155$，$df=2$，$p=0.925$）。

表 4.12　不同性别和是否使用智能手机的交叉分析
（$N=545$，单位:%）

			是	不是	不清楚	合计
性别	男	计数	243	19	1	263
		所占比例	92.4	7.2	0.4	100.0
	女	计数	263	18	1	282
		所占比例	93.3	6.4	0.4	100.0
合计		计数	506	37	2	545
		所占比例	92.8	6.8	0.4	100.0
$\chi^2=0.155$，$df=2$，$p=0.925$						

由表 4.13 可知，不同性别的消费者在手机上网时长上无显著差异（$\chi^2=9.072$，$df=4$，$p=0.059$）。

表 4.13　不同性别和手机上网时长的交叉分析
（$N=545$，单位:%）

时长			2 小时以下	2—4 小时	4—6 小时	6—8 小时	8 小时以上	合计
性别	男	计数	123	77	40	18	5	263
		所占比例	46.8	29.3	15.2	6.8	1.9	100.0
	女	计数	118	114	33	11	6	282
		所占比例	41.8	40.4	11.7	3.9	2.1	100.0
合计		计数	241	191	73	29	11	545
		所占比例	44.2	35.0	13.4	5.3	2.0	100.0
$\chi^2=9.072$，$df=4$，$p=0.059$								

表 4.14 显示，不同性别的消费者在网络购物次数上有显著差异（$\chi^2=10.544$，$df=3$，$p=0.014$）。最近一个月进行网络购物的次数在 1—3 次的女性有 34.8%，男性有 43.3%；网购 4—6 次的女性有 38.3%，男性为 38.8%；网购 7 次及以上的女性占 21.6%，男性只有 11.8%。可见，女性的网络购物频率明显高于男性。

表 4.14　不同性别和网络购物次数的交叉分析

（$N=545$，单位：%）

网购次数			没有	1—3 次	4—6 次	7 次及以上	合计
性别	男	计数	16	114	102	31	263
		所占比例	6.1	43.3	38.8	11.8	100.0
	女	计数	15	98	108	61	282
		所占比例	5.3	34.8	38.3	21.6	100.0
合计		计数	31	212	210	92	545
		所占比例	5.7	38.9	38.5	16.9	100.0
$\chi^2=10.544$，$df=3$，$p=0.014$							

在不同性别的消费者的数字产品最新资讯的关注度和手机 App 使用度的方差齐性检验结果中，$p>0.05$，如表 4.15 所示，因此在单因素方差分析中可以选择方差分析。

表 4.15　不同性别的方差齐性检验结果

	Levene 统计量	df 1	df 2	显著性
我经常关注数字产品的最新资讯	0.053	1	543	0.819
我经常使用手机 App	1.009	1	543	0.316

方差分析结果如表 4.16 所示，p 值分别是 0.000 和 0.039，都小于 0.05，不同性别消费者的数字产品最新资讯的关注度和手机 App 使用度都有显著差异。

表 4.16　不同性别的方差分析结果

		平方和	df	均方	F	显著性
我经常关注数字产品的最新资讯	组间	11.382	1	11.382	13.154	0.000
	组内	469.859	543	0.865		
	总数	481.240	544			
我经常使用手机 App	组间	4.612	1	4.612	4.261	0.039
	组内	587.747	543	1.082		
	总数	592.360	544			

不同性别的消费者对数字产品最新资讯的关注度和手机 App 使用度的描述统计结果如表 4.17 所示。在数字产品最新资讯的关注度中，男性的均值高于女性的均值；在手机 App 的使用度中，男性的均值低于女性的均值。因此，男性对数字产品最新资讯的关注度高于女性，男性的手机 App 使用程度低于女性。

表 4.17　不同性别的描述统计结果

		N	均值	标准差
我经常关注数字产品的最新资讯	男	263	3.92	0.966
	女	282	3.63	0.896
	总数	545	3.77	0.941
我经常使用手机 App	男	263	4.06	1.092
	女	282	4.24	0.990
	总数	545	4.15	1.044

3. 不同学历的数字化程度差异分析

由表 4.18 可知，不同教育程度的消费者在电脑上网时长上有显著差异（$\chi^2=101.357$，$df=12$，$p=0.000$）。上网时间在 4 小时以上的，硕士研究生及以上的占 86.7%，大专或同等学力的占 82.2%，大学本科或同等学力的占 76.2%，高中（含中专、技校）及以下的占 49.3%；另外，上网时间在 2 小时以下的，硕士研究生及以上的为 0，大学本科或同等学力的占 1.7%，大专或同等学力的占 2.4%，高中（含中专、技校）及以下的占 25.7%。由此可见，硕士研究生及以上用电脑上网的时间最长，高中（含中专、技校）及以下则最短。

表 4.18　不同学历和电脑上网时长的交叉分析

（$N=545$，单位：%）

时长			2 小时以下	2—4 小时	4—6 小时	6—8 小时	8 小时以上	合计
学历	高中（含中专、技校）及以下	计数	36	35	34	17	18	140
		所占比例	25.7	25.0	24.3	12.1	12.9	100.0
	大专或同等学力	计数	2	12	26	21	21	82
		所占比例	2.4	14.6	31.0	25.6	25.6	100.0

（续上表）

时长			2小时以下	2—4小时	4—6小时	6—8小时	8小时以上	合计
学历	大学本科或同等学力	计数	5	65	106	72	45	293
		所占比例	1.7	22.2	36.2	24.6	15.4	100.0
	硕士研究生及以上	计数	0	4	14	4	8	30
		所占比例	0	13.3	46.7	13.3	26.7	100.0
合计		计数	43	116	180	114	92	545
		所占比例	7.9	21.3	33.0	20.9	16.9	100.0
$\chi^2=101.357$，$df=12$，$p=0.000$								

由表4.19可知，不同教育程度的消费者在是否使用智能手机上有显著差异（$\chi^2=30.200$，$df=6$，$p=0.000$）。高中（含中专、技校）及以下教育程度的消费者使用智能手机的比例为82.9%，不使用智能手机的比例为15.7%，还有1.4%的消费者不清楚自己使用的是否是智能手机。而大专或同等学力、大学本科或同等学力、硕士研究生及以上教育程度的消费者使用智能手机的比例均在90%以上，同时没有人不清楚自己是否使用智能手机。

表4.19 不同学历和是否使用智能手机的交叉分析

（$N=545$，单位：%）

			是	不是	不清楚	合计
学历	高中（含中专、技校）及以下	计数	116	22	2	140
		所占比例	82.9	15.7	1.4	100.0
	大专或同等学力	计数	80	2	0	82
		所占比例	97.6	2.4	0	100.0
	大学本科或同等学力	计数	281	12	0	293
		所占比例	95.9	4.1	0	100.0
	硕士研究生及以上	计数	29	1	0	30
		所占比例	96.7	3.3	0	100.0
合计		计数	506	37	2	545
		所占比例	92.8	6.8	0.4	100.0
$\chi^2=30.200$，$df=6$，$p=0.000$						

由表4.20可知，不同教育程度的消费者在手机上网时长上无显著差异（$\chi^2=16.218$，$df=12$，$p=0.181$）。

表4.20　不同学历和手机上网时长的交叉分析

（$N=545$，单位：%）

时长			2小时以下	2—4小时	4—6小时	6—8小时	8小时以上	合计
学历	高中（含中专、技校）及以下	计数	68	43	19	4	6	140
		所占比例	48.6	30.7	13.6	2.9	4.3	100.0
	大专或同等学力	计数	32	26	14	9	1	82
		所占比例	39.0	31.7	17.1	11.0	1.2	100.0
	大学本科或同等学力	计数	128	111	36	15	3	293
		所占比例	43.7	37.9	12.3	5.1	1.0	100.0
	硕士研究生及以上	计数	13	11	4	1	1	30
		所占比例	43.3	36.7	13.3	3.3	3.3	100.0
合计		计数	241	191	73	29	11	545
		所占比例	44.2	35.0	13.4	5.3	2.0	100.0
$\chi^2=16.218$，$df=12$，$p=0.181$								

表4.21显示，不同教育程度的消费者在网络购物次数上有显著差异（$\chi^2=88.531$，$df=9$，$p=0.000$）。硕士研究生及以上教育程度的消费者最近一个月的网络购物次数全部在1次以上，46.7%的有4—6次，30%的达到7次及以上。17.1%的高中（含中专、技校）及以下教育程度的消费者没有网购经历，52.4%的大专或同等学力、44.7%的大学本科或同等学力教育程度的消费者最近一个月网购次数在4—6次。可见，硕士研究生及以上学历的消费者的网购频率最高，大专或同等学力的次之，本科或同等学力、高中（含中专、技校）及以下学历的排在第三和第四位。

表 4.21　不同学历和网络购物次数的交叉分析

（$N=545$，单位:%）

网购次数			没有	1—3 次	4—6 次	7 次及以上	合计
学历	高中（含中专、技校）及以下	计数	24	76	22	18	140
		所占比例	17.1	54.3	15.7	12.9	100.0
	大专或同等学力	计数	2	22	43	15	82
		所占比例	2.4	26.8	52.4	18.3	100.0
	大学本科或同等学力	计数	5	107	131	50	293
		所占比例	1.7	36.5	44.7	17.1	100.0
	硕士研究生及以上	计数	0	7	14	9	30
		所占比例	0	23.3	46.7	30.0	100.0
合计		计数	31	212	210	92	545
		所占比例	5.7	38.9	38.5	16.9	100.0
$\chi^2=88.531$，$df=9$，$p=0.000$							

在不同学历的消费者对数字产品最新资讯的关注度和手机 App 使用度的方差齐性检验结果中，$p<0.05$，如表 4.22 所示，说明两样本的方差不齐，因此在单因素方差分析中不能选择方差分析。

表 4.22　不同学历的方差齐性检验结果

	Levene 统计量	df 1	df 2	显著性
我经常关注数字产品的最新资讯	25.699	3	541	0.000
我经常使用手机 App	8.263	3	541	0.000

选择均值相等性的稳健性检验，检验结果如表 4.23 所示，两者的 p 值都小于 0.05，因此不同学历的消费者对数字产品最新资讯的关注度和手机 App 使用度都具有显著差异。

表 4.23　均值相等性的稳健性检验

	统计量 a	df 1	df 2	显著性
我经常关注数字产品的最新资讯	10.204	3	273.643	0.000
我经常使用手机 App	7.113	3	268.523	0.000

不同学历的消费者对数字产品最新资讯的关注度和手机 App 使用度的描述统计结果如表 4.24 所示。在数字产品最新资讯的关注度的均值中，由高到低的分别是硕士研究生及以上、大学本科或同等学力、大专或同等学力、高中（含中专、技校）及以下；在手机 App 使用度的均值中，由高到低的分别是硕士研究生及以上、大学本科或同等学力、大专或同等学力、高中（含中专、技校）及以下，其中大学本科或同等学力及大专或同等学力的均值相等。这说明，学历越高的消费者，越关注数字产品的最新资讯，同时也越经常使用手机 App。

表 4.24　不同学历的描述统计结果

		N	均值	标准差
我经常关注数字产品的最新资讯	高中（含中专、技校）及以下	140	3.41	1.235
	大专或同等学力	82	3.80	0.808
	大学本科或同等学力	293	3.92	0.775
	硕士研究生及以上	30	3.93	0.740
	总数	545	3.77	0.941
我经常使用手机 App	高中（含中专、技校）及以下	140	3.82	1.277
	大专或同等学力	82	4.26	0.886
	大学本科或同等学力	293	4.26	0.943
	硕士研究生及以上	30	4.40	0.855
	总数	545	4.15	1.044

4. 不同职业的数字化程度差异分析

由表 4.25 可知，不同职业的消费者在电脑上网时长上有显著差异（$\chi^2=112.532$，$df=16$，$p=0.000$）。上网时间在 4 小时以上的，个体户/私营业主占 87.2%，政府机关/事业单位职员占 82.5%，企业职员占 75.8%，全日制学生占 46.2%。

表 4.25 不同职业和电脑上网时长的交叉分析

（$N=545$，单位：%）

时长			2小时以下	2—4小时	4—6小时	6—8小时	8小时以上	合计
职业	全日制学生	计数	33	39	29	18	15	134
		所占比例	24.6	29.1	21.6	13.4	11.2	100.0
	企业职员	计数	7	55	74	67	53	256
		所占比例	2.7	21.5	28.9	26.2	20.7	100.0
	政府机关/事业单位职员	计数	3	15	55	17	13	103
		所占比例	2.9	14.6	53.4	16.5	12.6	100.0
	个体户/私营业主	计数	0	5	15	12	7	39
		所占比例	0	12.8	38.5	30.8	17.9	100.0
	其他	计数	0	2	7	0	4	13
		所占比例	0	15.4	53.8	0	30.8	100.0
合计		计数	43	116	180	114	92	545
		所占比例	7.9	21.3	33.0	20.9	16.9	100.0
$\chi^2=112.532$，$df=16$，$p=0.000$								

由表 4.26 可知，不同职业的消费者在是否使用智能手机上有显著差异（$\chi^2=37.694$，$df=8$，$p=0.000$）。除个体户/私营业主使用智能手机的占到 100% 以外，98.0% 的企业职员、91.3% 的政府机关/事业单位职员、82.8% 的全日制学生都使用智能手机，另外也有 1.5% 的全日制学生不清楚自己使用的是否是智能手机。

表 4.26 不同职业和是否使用智能手机的交叉分析

（$N=545$，单位：%）

			是	不是	不清楚	合计
职业	全日制学生	计数	111	21	2	134
		所占比例	82.8	15.7	1.5	100.0
	企业职员	计数	251	5	0	256
		所占比例	98.0	2.0	0	100.0

（续上表）

			是	不是	不清楚	合计
职业	政府机关/事业单位职员	计数	94	9	0	103
		所占比例	91.3	8.7	0	100.0
	个体户/私营业主	计数	39	0	0	39
		所占比例	100.0	0	0	100.0
	其他	计数	11	2	0	13
		所占比例	84.6	15.4	0	100.0
合计		计数	506	37	2	545
		所占比例	92.8	6.8	0.4	100.0
$\chi^2=37.694$，$df=8$，$p=0.000$						

由表4.27可知，不同职业的消费者在手机上网时长上有显著差异（$\chi^2=66.115$，$df=16$，$p=0.000$）。平均每天手机上网时长在2小时以下的全日制学生占38.8%、企业职员占46.5%、政府机关/事业单位职员占48.5%、个体户/私营业主占30.8%；平均每天手机上网时长在2—4小时的全日制学生占36.6%、企业职员占37.9%、政府机关/事业单位职员占34.0%、个体户/私营业主占17.9%；平均每天手机上网时长在4—6小时的全日制学生占16.4%、企业职员占12.1%、政府机关/事业单位职员占9.7%、个体户/私营业主占20.5%；平均每天手机上网时长在6小时以上的全日制学生占8.2%、企业职员占3.5%、政府机关/事业单位职员占7.8%、个体户/私营业主占30.8%。总体而言，个体户/私营业主和全日制学生用手机上网的时长比企业职员和政府机关/事业单位职员要长。

表4.27　不同职业和手机上网时长的交叉分析

（$N=545$，单位:%）

时长			2小时以下	2—4小时	4—6小时	6—8小时	8小时以上	合计
职业	全日制学生	计数	52	49	22	4	7	134
		所占比例	38.8	36.6	16.4	3.0	5.2	100.0
	企业职员	计数	119	97	31	7	2	256
		所占比例	46.5	37.9	12.1	2.7	0.8	100.0

（续上表）

时长			2小时以下	2—4小时	4—6小时	6—8小时	8小时以上	合计
职业	政府机关/事业单位职员	计数	50	35	10	7	1	103
		所占比例	48.5	34.0	9.7	6.8	1.0	100.0
	个体户/私营业主	计数	12	7	8	11	1	39
		所占比例	30.8	17.9	20.5	28.2	2.6	100.0
	其他	计数	8	3	2	0	0	13
		所占比例	61.5	23.1	15.4	0	0	100.0
合计		计数	241	191	73	29	11	545
		所占比例	44.2	35.0	13.4	5.3	2.0	100.0
$\chi^2=66.115$，$df=16$，$p=0.000$								

由表4.28可知，不同职业的消费者在网络购物次数上有显著差异（$\chi^2=103.927$，$df=12$，$p=0.000$）。最近一个月网络购物4次以上的，个体户/私营业主占76.9%，企业职员占66.8%，政府机关/事业单位职员占53.4%，全日制学生31.9%。总体看来，个体户/私营业主的网络购物频率最高，企业职员次之，政府机关/事业单位职员第三，全日制学生第四。

表4.28　不同职业和网络购物次数的交叉分析

（$N=545$，单位：%）

网购次数			没有	1—3次	4—6次	7次及以上	合计
职业	全日制学生	计数	22	68	20	24	134
		所占比例	16.4	50.7	14.9	17.0	100.0
	企业职员	计数	2	83	123	48	256
		所占比例	0.8	32.4	48.0	18.8	100.0
	政府机关/事业单位职员	计数	3	45	42	13	103
		所占比例	2.9	43.7	40.8	12.6	100.0
	个体户/私营业主	计数	0	9	24	6	39
		所占比例	0	23.1	61.5	15.4	100.0

（续上表）

网购次数			没有	1—3 次	4—6 次	7 次及以上	合计
职业	其他	计数	4	7	1	1	13
		所占比例	30.8	53.8	7.7	7.7	100.0
合计		计数	31	212	210	92	545
		所占比例	5.7	38.9	38.5	16.9	100.0
$\chi^2=103.927$，$df=12$，$p=0.000$							

如表 4.29 所示，在不同职业的消费者对数字产品最新资讯的关注度和手机 App 使用度的方差齐性检验结果中，$p<0.05$，说明两样本的方差不齐，因此在单因素方差分析中不能选择方差分析。

表 4.29　不同职业的方差齐性检验结果

	Levene 统计量	df 1	df 2	显著性
我经常关注数字产品的最新资讯	15.333	4	540	0.000
我经常使用手机 App	8.638	4	540	0.000

选择均值相等性的稳健性检验，检验结果如表 4.30 所示，两者的 p 值都小于 0.05，因此不同职业的消费者对数字产品最新资讯的关注度和手机 App 使用度都具有显著差异。

表 4.30　均值相等性的稳健性检验

	统计量 a	df 1	df 2	显著性
我经常关注数字产品的最新资讯	7.860	4	64.795	0.000
我经常使用手机 App	3.145	4	99.225	0.018

不同职业的消费者对数字产品最新资讯的关注度和手机 App 使用度的描述统计结果如表 4.31 所示。在数字产品最新资讯的关注度的均值中，由高到低的分别是企业职员、政府机关/事业单位、个体户/私营业主、全日制学生和其他；手机 App 使用度的均值中，由高到低的分别为企业职员、个体户/私营业主、政府机关/事业单位职员、全日制学生和其他。

因此，从总体来看，企业职员对数字产品最新资讯的关注度和手机App的使用度都是最高的；全日制学生对数字产品最新资讯的关注度和手机App的使用度都是最低的。

表4.31 不同职业的描述统计结果

		N	均值	标准差
我经常关注数字产品的最新资讯	全日制学生	134	3.43	1.153
	企业职员	256	3.95	0.766
	政府机关/事业单位职员	103	3.91	0.841
	个体户/私营业主	39	3.67	0.838
	其他	13	3.00	1.354
	总数	545	3.77	0.941
我经常使用手机App	全日制学生	134	3.99	1.292
	企业职员	256	4.31	0.846
	政府机关/事业单位职员	103	4.04	1.128
	个体户/私营业主	39	4.18	0.790
	其他	13	3.62	1.261

5. 不同级别城市的数字化程度差异分析

由表4.32可知，不同级别城市的消费者在电脑上网时长上无显著差异（$\chi^2=18.978$，$df=12$，$p=0.089$）。

表4.32 不同级别城市和电脑上网时长的交叉分析

（$N=545$，单位:%）

时长			2小时以下	2—4小时	4—6小时	6—8小时	8小时以上	合计
不同级别城市	一线城市（北上广深）	计数	19	24	39	32	33	147
		所占比例	12.9	16.3	26.5	21.8	22.4	100.0
	二线城市（其他省会城市和直辖市）	计数	10	37	45	28	23	143
		所占比例	7.0	25.9	31.5	19.6	16.1	100.0

（续上表）

时长			2小时以下	2—4小时	4—6小时	6—8小时	8小时以上	合计
不同级别城市	三线城市（地级市）	计数	6	28	52	25	20	131
		所占比例	4.6	21.4	39.7	19.1	15.3	100.0
	四线城市（县级市、县城）及以下	计数	8	27	44	29	16	124
		所占比例	6.5	21.8	35.5	23.4	12.9	100.0
合计		计数	43	116	180	114	92	545
		所占比例	7.9	21.3	33.0	20.9	16.9	100.0
$\chi^2=18.978$，$df=12$，$p=0.089$								

由表4.33可知，不同级别城市的消费者在是否使用智能手机上无显著差异（$\chi^2=2.463$，$df=6$，$p=0.873$）。

表4.33　不同级别城市和是否使用智能手机的交叉分析

（$N=545$，单位：%）

			是	不是	不清楚	合计
不同级别城市	一线城市（北上广深）	计数	137	9	1	147
		所占比例	93.2	6.1	0.7	100.0
	二线城市（其他省会城市和直辖市）	计数	131	11	1	143
		所占比例	91.6	7.7	0.7	100.0
	三线城市（地级市）	计数	121	10	0	131
		所占比例	92.4	7.6	0	100.0
	四线城市（县级市、县城）及以下	计数	117	7	0	124
		所占比例	94.4	5.6	0	100.0
合计		计数	506	37	2	545
		所占比例	92.8	6.8	0.4	100.0
$\chi^2=2.463$，$df=6$，$p=0.873$						

由表4.34可知，不同级别城市的消费者在手机上网时长上无显著差异（$\chi^2=5.760$，$df=12$，$p=0.928$）。

表 4.34 不同级别城市和手机上网时长的交叉分析

（$N=545$，单位:%）

时长			2 小时以下	2—4 小时	4—6 小时	6—8 小时	8 小时以上	合计
不同级别城市	一线城市（北上广深）	计数	58	59	19	9	2	147
		所占比例	39.5	40.1	12.9	6.1	1.4	100.0
	二线城市（其他省会城市和直辖市）	计数	63	47	22	8	3	143
		所占比例	44.1	32.9	15.4	5.6	2.1	10.0
	三线城市（地级市）	计数	65	39	17	7	3	131
		所占比例	49.6	29.8	13.0	5.3	2.3	100.0
	四线城市（县级市、县城）及以下	计数	55	46	15	5	3	124
		所占比例	44.4	37.1	12.1	4.0	2.4	100.0
合计		计数	241	191	73	29	11	545
		所占比例	44.2	35.0	13.4	5.3	2.0	100.0
$\chi^2=5.760$，$df=12$，$p=0.928$								

由表 4.35 可知，不同级别城市的消费者在网络购物次数上无显著差异（$\chi^2=8.435$，$df=189$，$p=0.491$）。

表 4.35 不同级别城市和网络购物次数的交叉分析

（$N=545$，单位:%）

网购次数			没有	1—3 次	4—6 次	7 次及以上	合计
不同级别城市	一线城市（北上广深）	计数	11	52	61	23	147
		所占比例	7.5	35.4	41.5	15.6	100.0
	二线城市（其他省会城市和直辖市）	计数	9	55	52	27	143
		所占比例	6.3	38.5	36.4	18.9	100.0
	三线城市（地级市）	计数	8	54	53	16	131
		所占比例	6.1	41.2	40.5	12.2	100.0
	四线城市（县级市、县城）及以下	计数	3	51	44	26	124
		所占比例	2.4	41.1	35.5	21.0	100.0

（续上表）

网购次数		没有	1—3 次	4—6 次	7 次及以上	合计
合计	计数	31	212	210	92	545
	所占比例	5.7	38.9	38.5	16.9	100.0
$\chi^2=8.435$，$df=189$，$p=0.491$						

如表 4.36 所示，在不同级别城市的消费者对数字产品最新资讯的关注度和手机 App 使用度的方差齐性检验结果中，$p>0.05$，说明两样本的方差齐，可以进行方差分析。

表 4.36　不同级别城市的方差齐性检验结果

	Levene 统计量	df 1	df 2	显著性
我经常关注数字产品的最新资讯	1.354	3	541	0.256
我经常使用手机 App	1.016	3	541	0.385

方差分析结果如表 4.37 所示，p 值分别是 0.284 和 0.821，都大于 0.05，说明不同级别城市的消费者对数字产品最新资讯的关注度和手机 App 使用度都没有显著差异。

表 4.37　不同级别城市的方差分析结果

		平方和	df	均方	F	显著性
我经常关注数字产品的最新资讯	组间	3.363	3	1.121	1.269	0.284
	组内	477.877	541	0.883		
	总数	481.240	544			
我经常使用手机 App	组间	1.003	3	0.334	0.306	0.821
	组内	591.356	541	1.093		
	总数	592.359	544			

6. 不同家庭平均月收入的数字化程度差异分析

由表 4.38 可知，不同家庭平均月收入的消费者在电脑上网时长上有显著差异（$\chi^2=32.560$，$df=12$，$p=0.001$）。每天上网 4 个小时以上的，家庭月收入在2 999元及以下的所占比例为48.8%，在3 000—5 999元的所占比例为65.6%，在6 000—8 999元的所占比例为78.4%，在9 000元及以上的所占比例为72.3%。可见，用电脑上网时间最长的为家庭平均月收入在6 000—8 999元的消费者，接下来是家庭平均月收入为9 000元及以上的、3 000—5 999元的和2 999元及以下的。

表4.38 不同家庭平均月收入和电脑上网时长的交叉分析

（$N=545$，单位:%）

时长			2小时以下	2—4小时	4—6小时	6—8小时	8小时以上	合计
家庭平均月收入	2 999元及以下	计数	11	12	10	6	6	45
		所占比例	24.4	26.7	22.2	13.3	13.3	100.0
	3 000—5 999元	计数	14	31	43	26	17	131
		所占比例	10.7	23.7	32.8	19.8	13.0	100.0
	6 000—8 999元	计数	6	34	71	43	31	185
		所占比例	3.2	18.4	38.4	23.2	16.8	100.0
	9 000元及以上	计数	12	39	56	39	38	184
		所占比例	6.5	21.2	30.4	21.2	20.7	100.0
合计		计数	43	116	180	114	92	545
		所占比例	7.9	21.3	33.0	20.9	16.9	100.0
$\chi^2=32.560$, $df=12$, $p=0.001$								

由表4.39可知，不同家庭平均月收入的消费者在是否使用智能手机上有显著差异（$\chi^2=54.487$, $df=6$, $p=0.000$）。家庭平均月收入在2 999元及以下的使用智能手机的有68.9%，在3 000—5 999元的使用智能手机的有88.5%，在6 000—8 999元的使用智能手机的有97.8%，在9 000元及以上的使用智能手机的有96.7%。可见，使用智能手机比例最高的是家庭平均月收入为6 000—8 999元的消费者，接下来依次是家庭平均月收入为9 000元及以上的、3 000—5 999元的和2 999元及以下的。

表 4.39　不同家庭平均月收入和是否使用智能手机的交叉分析

（$N=545$，单位:%）

			是	不是	不清楚	合计
家庭平均月收入	2 999 元及以下	计数	31	13	1	45
		所占比例	68.9	28.9	2.2	100.0
	3 000—5 999 元	计数	116	14	1	131
		所占比例	88.5	10.7	0.8	100.0
	6 000—8 999 元	计数	181	4	0	185
		所占比例	97.8	2.2	0	100.0
	9 000 元及以上	计数	178	6	0	184
		所占比例	96.7	3.3	0	100.0
合计		计数	506	37	2	545
		所占比例	92.8	6.8	0.4	100.0
$\chi^2=54.487$，$df=6$，$p=0.000$						

由表 4.40 可知，不同家庭平均月收入的消费者在手机上网时长上有显著差异（$\chi^2=44.802$，$df=12$，$p=0.000$）。平均每天手机上网在 4 小时以上的，家庭平均月收入在 2 999 元及以下的占 28.9%，在 3 000—5 999 元的占 23%，在 6 000—8 999 元的占 24.9%，在 9 000 元及以上的占 13%；平均每天手机上网时长在 8 小时以上的，家庭月收入在 2 999 元及以下的占 11.1%，在 3 000—5 999 元的占 3.1%，在 6 000—8 999 元的占 0.0%，在 9 000 元及以上的占 1.1%。可见，从总体而言，家庭平均月收入较低的消费者使用手机上网的时间更长。

表 4.40　不同家庭平均月收入和手机上网时长的交叉分析

（$N=545$，单位:%）

时长			2 小时以下	2—4 小时	4—6 小时	6—8 小时	8 小时以上	合计
家庭平均月收入	2 999 元及以下	计数	19	13	5	3	5	45
		所占比例	42.2	28.9	11.1	6.7	11.1	100.0
	3 000—5 999 元	计数	66	35	23	3	4	131
		所占比例	50.4	26.7	17.6	2.3	3.1	100.0

（续上表）

时长			2小时以下	2—4小时	4—6小时	6—8小时	8小时以上	合计
家庭平均月收入	6 000—8 999元	计数	73	66	31	15	0	185
		所占比例	39.5	35.7	16.8	8.1	0	100.0
	9 000元及以上	计数	83	77	14	8	2	184
		所占比例	45.1	41.8	7.6	4.3	1.1	100.0
合计		计数	241	191	73	29	11	545
		所占比例	44.2	35.0	13.4	5.3	2.0	100.0
$\chi^2=44.802$，$df=12$，$p=0.000$								

由表4.41可知，不同家庭平均月收入的消费者最近一个月在网络购物次数上有显著差异（$\chi^2=80.978$，$df=9$，$p=0.000$）。网络购物次数在4次以上的，家庭平均月收入在2 999元及以下的占22.2%，在3 000—5 999元的占47.3%，在6 000—8 999元的占61.6%，在9 000元及以上的占63%。可见，家庭平均月收入越高的消费者，网络购物的频率也越高。

表4.41　不同家庭平均月收入和网络购物次数的交叉分析

（$N=545$，单位:%）

网购次数			没有	1—3次	4—6次	7次及以上	合计
家庭平均月收入	2 999元及以下	计数	14	21	5	5	45
		所占比例	31.1	46.7	11.1	11.1	100.0
	3 000—5 999元	计数	10	59	40	22	131
		所占比例	7.6	45.0	30.5	16.8	100.0
	6 000—8 999元	计数	2	69	84	30	185
		所占比例	1.1	37.3	45.4	16.2	100.0
	9 000元及以上	计数	5	63	81	35	184
		所占比例	2.7	34.2	44.0	19.0	100.0
合计		计数	31	212	210	92	545
		所占比例	5.7	38.9	38.5	16.9	100.0
$\chi^2=80.978$，$df=9$，$p=0.000$							

如表4.42所示，在不同家庭平均月收入的消费者对数字产品最新资讯的关注度和手机App使用度的方差齐性检验结果中，$p<0.05$，方差不齐，不能够进行方差检验。

表4.42 不同家庭平均月收入的方差齐性检验结果

	Levene 统计量	df 1	df 2	显著性
我经常关注数字产品的最新资讯	9.520	3	541	0.000
我经常使用手机App	9.344	3	541	0.000

选择均值相等性的稳健性检验，检验结果如表4.43所示，两者的p值都小于0.05，因此不同家庭平均月收入的消费者对数字产品最新资讯的关注度和手机App使用度都具有显著差异。

表4.43 均值相等性的稳健性检验

	统计量 a	df 1	df 2	显著性
我经常关注数字产品的最新资讯	10.438	3	174.087	0.000
我经常使用手机App	8.109	3	185.205	0.000

不同家庭平均月收入的消费者对数字产品最新资讯的关注度和手机App使用度如表4.44所示，显而易见，家庭平均月收入越高的消费者，对数字产品最新资讯的关注度和手机App的使用度就越高。

表4.44 不同家庭平均月收入的描述统计结果

		N	均值	标准差
我经常关注数字产品的最新资讯	2 999元及以下	45	3.07	1.268
	3 000—5 999元	131	3.63	0.986
	6 000—8 999元	185	3.87	0.817
	9 000元及以上	184	3.95	0.838
	总数	545	3.77	0.941

（续上表）

		N	均值	标准差
我经常使用手机 App	2 999 元及以下	45	3. 53	1. 375
	3 000—5 999 元	131	3. 95	1. 118
	6 000—8 999 元	185	4. 29	0. 878
	9 000 元及以上	184	4. 32	0. 974
	总数	545	4. 15	1. 044

7. 独生子女与非独生子女的数字化程度差异分析

由表 4. 45 可知，独生子女和非独生子女消费者在电脑上网时长上无显著差异（$\chi^2 = 3.370$，$df = 4$，$p = 0.498$）。

表 4. 45　是否是独生子女和电脑上网时长的交叉分析

（N = 545，单位：%）

时长			2 小时以下	2—4 小时	4—6 小时	6—8 小时	8 小时以上	合计
是否独生子女	是	计数	24	56	76	49	40	245
		所占比例	9. 8	22. 9	31. 0	20. 0	16. 3	100. 0
	否	计数	19	60	104	65	52	300
		所占比例	6. 3	20. 0	34. 7	21. 7	17. 3	100. 0
合计		计数	43	116	180	114	92	545
		所占比例	7. 9	21. 3	33. 0	20. 9	16. 9	100. 0
$\chi^2 = 3.370$，$df = 4$，$p = 0.498$								

由表 4. 46 可知，独生子女和非独生子女消费者在是否使用智能手机上无显著差异（$\chi^2 = 0.067$，$df = 2$，$p = 0.967$）。

表 4.46　是否是独生子女和是否使用智能手机的交叉分析

（$N=545$，单位：%）

			是	不是	不清楚	合计
是否独生子女	是	计数	228	16	1	245
		所占比例	93.1	6.5	0.4	100.0
	否	计数	278	21	1	300
		所占比例	92.7	7.0	0.3	100.0
合计		计数	506	37	2	545
		所占比例	92.8	6.8	0.4	100.0
$\chi^2=0.067$，$df=2$，$p=0.967$						

由表 4.47 可知，独生子女和非独生子女消费者在手机上网时长上无显著差异（$\chi^2=8.308$，$df=4$，$p=0.081$）。

表 4.47　是否是独生子女和手机上网时长的交叉分析

（$N=545$，单位：%）

时长			2 小时以下	2—4 小时	4—6 小时	6—8 小时	8 小时以上	合计
是否独生子女	是	计数	95	98	34	11	7	245
		所占比例	38.8	40.0	13.9	4.5	2.9	100.0
	否	计数	146	93	39	18	4	300
		所占比例	48.7	31.0	13.0	6.0	1.3	100.0
合计		计数	241	191	73	29	11	545
		所占比例	44.2	35.0	13.4	5.3	2.0	100.0
$\chi^2=8.308$，$df=4$，$p=0.081$								

由表 4.48 可知，独生子女和非独生子女消费者最近一个月在网络购物次数上无显著差异（$\chi^2=3.696$，$df=3$，$p=0.296$）。

表 4.48　是否是独生子女和网络购物次数的交叉分析

（$N=545$，单位：%）

网购次数			没有	1—3 次	4—6 次	7 次及以上	合计
是否独生子女	是	计数	10	97	91	47	245
		所占比例	4.1	39.6	37.1	19.2	100.0
	否	计数	21	115	119	45	300
		所占比例	7.0	38.3	39.7	15.0	100.0
合计		计数	31	212	210	92	545
		所占比例	5.7	38.9	38.5	16.9	100.0
$\chi^2=3.696$，$df=3$，$p=0.296$							

如表 4.49 所示，在独生子女与非独生子女消费者对数字产品最新资讯的关注度和手机 App 使用度的方差齐性检验结果中，$p>0.05$，方差齐，因此可以使用方差检验。

表 4.49　独生子女与非独生子女的方差齐性检验结果

	Levene 统计量	$df\,1$	$df\,2$	显著性
我经常关注数字产品的最新资讯	0.352	1	543	0.553
我经常使用手机 App	0.291	1	543	0.590

方差分析结果如表 4.50 所示，p 值分别是 0.505 和 0.051，都大于 0.05，独生子女与非独生子女消费者对数字产品最新资讯的关注度和手机 App 使用度都没有显著差异。

表 4.50　独生子女与非独生子女的方差分析结果

		平方和	df	均方	F	显著性
我经常关注数字产品的最新资讯	组间	0.394	1	0.394	0.445	0.505
	组内	480.846	543	0.886		
	总数	481.240	544			

（续上表）

		平方和	df	均方	F	显著性
我经常使用手机 App	组间	4.161	1	4.161	3.841	0.051
	组内	588.199	543	1.083		
	总数	592.360	544			

四、消费者数字化生活方式的影响因素分析

1. 因子分析的适度检验

在进行探索性因子分析之前，要检测其适合程度，本研究采用 KMO 值和 Bartlett 球状检验来判断。

（1）KMO 值主要用于比较观测变量之间的简单相关关系和偏相关系数的相对大小，其值的变化范围从 0 到 1。KMO 值越高，表明数据越适合做因子分析。根据 SPSS 20.0 的计算，KMO 值为 0.931 >0.8，表明数据很适合做因子分析。

（2）Bartlett 球状检验的零假设是以相关矩阵为单位阵，只有统计结果否定该假设，才可以使用因子分析。Bartlett 球状检验的显著性水平 $p = 0.000 < 0.5$，表明数据很适合做因子分析。

2. 因子数目的确定

一般来说，通过分析因子的特征值、方差解释贡献率和碎石图，可以确定因子的个数。从特征值来看，前 3 个因子的值均大于 1（见表 4.53），说明应该存在 3 个因子；从方差解释贡献率来看，前 3 个因子累计解释了 55.994% 的信息（见表 4.53）；从碎石图的走势来看，前 3 个因子变动较大，从第 4 个因子变动开始趋缓（见图 4.4）。这些都表明应该提取前 3 个因子。

3. 因子命名

得到最终因子解后，我们希望给每个因子一个有意义的解释。通过方差最大正交旋转（varimax），我们发现 A7、A9、D19 同时在两个因子的载荷值超过 0.40（见表 4.54），故删除，然后进行第二次因子分析。

从结果的分析中，我们将 3 个因子分别命名为“对互联网的好感度”、“数字化消费程度”和“数字化社交程度”。因子命名的具体内容见表 4.58。

表 4. 51　KMO 值的评价标准

KMO 值	因子分析合适性
0. 90 以上	极佳（marvelous）
0. 80 以上	良好（meritorious）
0. 70 以上	中度（middling）
0. 60 以上	平庸（mediocre）
0. 50 以上	可悲（miserable）
0. 40 以上	无法接受（unacceptable）

表 4. 52　KMO 值和 Bartlett 球状检验

取样足够度的 KMO 度量		0. 931
Bartlett 的球形度检验	近似卡方	4 454. 634
	df	171
	Sig.	0

表 4. 53　特征值和方差解释贡献率

成分	初始特征值			提取平方和载入			旋转平方和载入		
	合计	方差的%	累积%	合计	方差的%	累积%	合计	方差的%	累积%
1	7. 475	39. 343	39. 343	7. 475	39. 343	39. 343	4. 443	23. 387	23. 387
2	2. 026	10. 666	50. 009	2. 026	10. 666	50. 009	3. 169	16. 678	40. 065
3	1. 137	5. 985	55. 994	1. 137	5. 985	55. 994	3. 026	15. 928	55. 993
4	0. 878	4. 620	60. 614						
5	0. 749	3. 943	64. 557						
6	0. 665	3. 499	68. 056						
7	0. 649	3. 418	71. 474						
8	0. 618	3. 252	74. 726						
9	0. 598	3. 146	77. 872						
10	0. 555	2. 920	80. 792						
11	0. 521	2. 742	83. 534						
12	0. 492	2. 592	86. 126						

（续上表）

成分	初始特征值			提取平方和载入			旋转平方和载入		
	合计	方差的%	累积%	合计	方差的%	累积%	合计	方差的%	累积%
13	0.480	2.529	88.655						
14	0.435	2.288	90.943						
15	0.408	2.146	93.089						
16	0.367	1.929	95.018						
17	0.344	1.809	96.827						
18	0.327	1.720	98.547						
19	0.276	1.454	100						

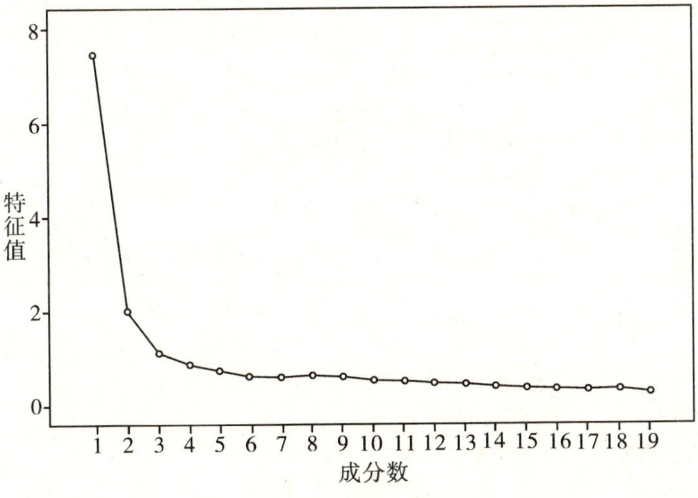

图 4.4　碎石图

表 4.54　正交旋转后的因子负荷矩阵

旋转成分矩阵			
	成分		
	1	2	3
E24. 网络拓宽了我的视野	0.770		

（续上表）

旋转成分矩阵			
	成分		
	1	2	3
C16. 上网时我有经常登录的网站、社区	0.737		
C15. 互联网让我觉得轻松和愉悦	0.706		
C17. 网络给我带来了许多新的兴趣和爱好	0.705		
D21. 购买前，我经常通过网络了解产品信息（参数、价格、评价等）	0.699		
E25. 网络改变了我对某些事物的看法	0.658		
E27. 网络提高了我对公共事件的关注度	0.653		
A7. 我经常通过 QQ、微博、微信等与亲朋好友交流	0.570	0.518	
A10. 我总是很乐意和在虚拟社区认识的朋友一起参加各种活动		0.753	
A8. 我经常在网络上分享我的生活（如照片、状态、日记等）		0.704	
B12. 我经常从 App 商店（如安卓市场等）下载或购买应用产品		0.690	
A9. 经常与周围朋友谈论各种最新的数字（产品/应用等）资讯		0.617	0.436
B11. 我经常在数字产品上浏览信息		0.520	
D20. 我经常通过数字产品购买商品			0.754
D22. 我认为通过数字产品能买到性价比更高的东西			0.732
D19. 我经常购买最新的数字产品		0.453	0.668
D23. 我很相信数字支付（包括网上支付和手机支付）的安全性			0.575
B13. 我更乐于通过网络了解生活等服务信息（如租房、订票等）			0.520

（续上表）

旋转成分矩阵			
	成分		
	1	2	3
B14. 相对电视、报纸等传统媒体，我更喜欢用手机看新闻			0. 421
提取方法：主成分 旋转法：具有 Kaiser 标准化的正交旋转法			
a. 旋转在 6 次迭代后收敛			

表 4. 55　二次因子分析后的 KMO 值和 Bartlett 球状检验

取样足够度的 KMO 度量		0. 922
Bartlett 的球形度检验	近似卡方	3363. 436
	df	120
	Sig.	0. 000

表 4. 56　二次因子分析后的特征值和方差解释贡献率

成分	初始特征值			提取平方和载入			旋转平方和载入		
	合计	方差的%	累积%	合计	方差的%	累积%	合计	方差的%	累积%
1	6. 385	39. 909	39. 909	6. 385	39. 909	39. 909	3. 970	24. 814	24. 814
2	1. 636	10. 227	50. 136	1. 636	10. 227	50. 136	2. 617	16. 355	41. 168
3	1. 047	6. 544	56. 680	1. 047	6. 544	56. 680	2. 482	15. 512	56. 680
4	0. 807	5. 044	61. 724						
5	0. 733	4. 584	66. 308						
6	0. 658	4. 110	70. 418						
7	0. 600	3. 753	74. 171						
8	0. 578	3. 615	77. 786						
9	0. 571	3. 569	81. 355						
10	0. 535	3. 345	84. 700						

（续上表）

成分	初始特征值			提取平方和载入			旋转平方和载入		
	合计	方差的%	累积%	合计	方差的%	累积%	合计	方差的%	累积%
11	0. 514	3. 211	87. 911						
12	0. 465	2. 904	90. 815						
13	0. 408	2. 550	93. 365						
14	0. 397	2. 478	95. 843						
15	0. 354	2. 211	98. 054						
16	0. 312	1. 947	100						

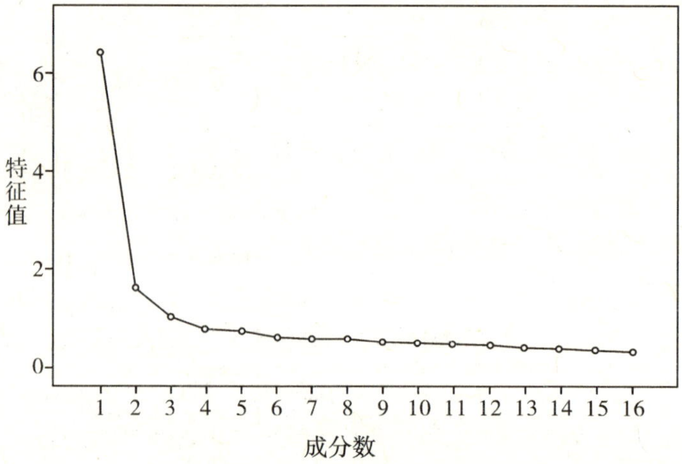

图 4. 5　二次因子分析后的碎石图

表 4. 57　二次因子分析后的因子负荷矩阵

	成分		
	1	2	3
E24. 网络拓宽了我的视野	0. 780	0. 118	0. 135
C17. 网络给我带来了许多新的兴趣和爱好	0. 718	0. 140	0. 247
C15. 互联网让我觉得轻松和愉悦	0. 703	0. 172	0. 234
C16. 上网时我有经常登录的网站、社区	0. 698	0. 273	0. 172

（续上表）

	成分		
	1	2	3
E25. 网络改变了我对某些事物的看法	0. 688	0. 124	0. 174
E27. 网络提高了我对公共事件的关注度	0. 678	0. 196	0. 125
D21. 购买前，我经常通过网络了解产品信息（参数、价格、评价等）	0. 666	0. 355	0
D22. 我认为通过数字产品能买到性价比更高的东西	0. 225	0. 753	0. 167
D20. 我经常通过数字产品购买商品	0. 061	0. 717	0. 354
D23. 我很相信数字支付（包括网上支付和手机支付）的安全性	0. 265	0. 662	0. 090
B13. 我更乐于通过网络了解生活等服务信息（如租房、订票等）	0. 336	0. 553	0. 176
B14. 相对电视、报纸等传统媒体，我更喜欢用手机看新闻	0. 195	0. 464	0. 391
A10. 我总是很乐意和在虚拟社区认识的朋友一起参加各种活动	0. 217	0. 028	0. 814
B12. 我经常从 App 商店（如安卓市场等）下载或购买应用产品	0. 108	0. 299	0. 712
A8. 我经常在网络上分享我的生活（如照片、状态、日记等）	0. 158	0. 242	0. 686
B11. 我经常在数字产品上浏览信息	0. 359	0. 331	0. 536
提取方法：主成分 旋转法：具有 Kaiser 标准化的正交旋转法			
旋转在 5 次迭代后收敛			

表 4.58　因子命名表

因子名称	测项
对互联网的好感度	15. 互联网让我觉得轻松和愉悦 16. 上网时我有经常登录的网站、社区 17. 网络给我带来了许多新的兴趣和爱好 21. 购买前，我经常通过网络了解产品信息（参数、价格、评价等） 24. 网络拓宽了我的视野 25. 网络改变了我对某些事物的看法 27. 网络提高了我对公共事件的关注度
数字化消费程度	13. 我更乐于通过网络了解生活等服务信息（如租房、订票等） 14. 相对电视、报纸等传统媒体，我更喜欢用手机看新闻 20. 我经常通过数字产品购买商品 22. 我认为通过数字产品能买到性价比更高的东西 23. 我很相信数字支付（包括网上支付和手机支付）的安全性
数字化社交程度	8. 我经常在网络上分享我的生活（如照片、状态、日记等） 10. 我总是很乐意和在虚拟社区认识的朋友一起参加各种活动 11. 我经常在数字产品上浏览信息 12. 我经常从 App 商店（如安卓市场等）下载或购买应用产品

五、消费者数字化生活方式的聚类分析

本研究使用 SPSS 20.0 中的两步聚类法（Two-step Cluster）对所有样本进行聚类分析。两步聚类法是 SPSS 11.5 及之后版本中新增的一种聚类分析方法。该法采用对数极大似然估计值度量类间距离，并能根据施瓦兹贝叶斯准则（BIC）或赤池信息准则（AIC）等指标自动确定最佳聚类个数。两步聚类法的这一优点有利于研究者在无任何先验知识时也能进行探索性聚类分析。不仅如此，两步聚类法还能够同时对连续型变量和名称型

变量进行聚类，而 K-mean 法只适合于连续型变量。此外，两步聚类法还能够对数十万规模的数据进行聚类，这是层次聚类法所不能比拟的。

将因子分析保存的因子值作为连续变量进行两步聚类，初步决定聚类的数目（见图 4.6），且聚类结果的质量为尚好。另外，所有的聚类类别下的样本比例都大于 5%，最终确定为五大类别。

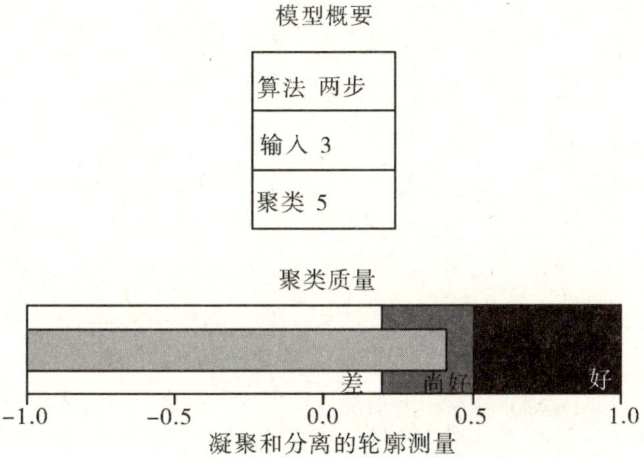

图 4.6　两步聚类法结果主视图

为了得知各个类别的特征，为各类别取一个合适的名称，笔者再使用 SPSS 20.0 来对比各类别在 3 个因子值上的得分均值（见表 4.59），由表 4.59 我们可以得出五大细分消费者在三个数字化生活方式维度上的得分排名，如表 4.60 所示。

接着再进行交叉分析（见表 4.61），在出生年代、受教育程度、职业和家庭平均月收入等人口统计变量的分析结果中，卡方检验 p 值皆小于 0.01，故五类消费人群在这四个人口统计变量中存在显著差异。

表 4.59　五大细分消费者群体数字化生活方式的均值比较

细分群体 \ 因子名		对互联网的好感度	数字化消费程度	数字化社交程度
1	平均值	0.49	0.46	0.62
	样本量 N	184	184	184
	标准差	0.37	0.52	0.48

（续上表）

细分群体＼因子名		对互联网的好感度	数字化消费程度	数字化社交程度
2	平均值	-0.84	0.23	0.30
	样本量 N	130	130	130
	标准差	0.51	0.56	0.47
3	平均值	0.39	0.40	-1.30
	样本量 N	117	117	117
	标准差	0.71	0.77	0.75
4	平均值	0.45	-1.51	0.40
	样本量 N	82	82	82
	标准差	0.80	0.91	0.82
5	平均值	-2.04	-1.21	-1.04
	样本量 N	32	32	32
	标准差	1.53	0.78	0.91
加总	平均值	0	0	0
	样本量 N	545	545	545
	标准差	1.00	1.00	1.00

表 4.60　五大细分消费者群体在三个数字化生活方式维度上的得分排名

类型	对互联网的好感度	数字化消费程度	数字化社交程度
数字依赖型	1	1	1
社交生活型	4	3	3
网络消费型	3	2	5
经济制约型	2	5	2
数字淡漠型	5	4	4

表 4.61　聚类类别与人口统计量的交叉分析

交叉变量 \ Pearson 卡方	值	df	渐进 Sig.（双侧）
聚类类别 * 性别	5.505a	4	0.239
聚类类别 * 是否独生子女	4.716a	4	0.318
聚类类别 * 出生年代	75.953a	16	0.000
聚类类别 * 受教育程度	62.573a	12	0.000
聚类类别 * 职业	78.339a	16	0.000
聚类类别 * 所在城市	10.216a	12	0.597
聚类类别 * 家庭平均月收入	111.568a	12	0.000

表 4.62　聚类类别与出生年代的交叉分析

			两步聚类类别号					合计
			1	2	3	4	5	
出生年代	60 年代及以前	计数	45	20	28	12	3	108
		行百分比	41.70%	18.50%	25.90%	11.10%	2.80%	100.00%
		列百分比	24.50%	15.40%	23.90%	14.60%	9.40%	19.80%
		总百分比	8.30%	3.70%	5.10%	2.20%	0.60%	19.80%
	70 年代	计数	43	25	25	14	2	109
		行百分比	39.40%	22.90%	22.90%	12.80%	1.80%	100.00%
		列百分比	23.40%	19.20%	21.40%	17.10%	6.20%	20.00%
		总百分比	7.90%	4.60%	4.60%	2.60%	0.40%	20.00%
	80 年代	计数	40	40	24	7	3	114
		行百分比	35.10%	35.10%	21.10%	6.10%	2.60%	100.00%
		列百分比	21.70%	30.80%	20.50%	8.50%	9.40%	20.90%
		总百分比	7.30%	7.30%	4.40%	1.30%	0.60%	20.90%
	90 年代	计数	34	31	16	22	5	108
		行百分比	31.50%	28.70%	14.80%	20.40%	4.60%	100.00%
		列百分比	18.50%	23.80%	13.70%	26.80%	15.60%	19.80%
		总百分比	6.20%	5.70%	2.90%	4.00%	0.90%	19.80%

（续上表）

			两步聚类类别号					合计
			1	2	3	4	5	
出生年代	00 年代	计数	22	14	24	27	19	106
		行百分比	20.80%	13.20%	22.60%	25.50%	17.90%	100.00%
		列百分比	12.00%	10.80%	20.50%	32.90%	59.40%	19.40%
		总百分比	4.00%	2.60%	4.40%	5.00%	3.50%	19.40%
合计		计数	184	130	117	82	32	545
		行百分比	33.80%	23.90%	21.50%	15.00%	5.90%	100.00%
		列百分比	100.00%	100.00%	100.00%	100.00%	100.00%	100.00%
		总百分比	33.80%	23.90%	21.50%	15.00%	5.90%	100.00%

在样本设计时，对不同出生年代的人采取的是等额抽样，因此由表 4.62 可知，第一类消费者中 60 年代及以前的占 24.50%，70 年代的占 23.40%，80 年代的占 21.70%，均大于其总体比例，由此可判断第一类消费者以 60 年代及以前的、70 年代的和 80 年代的为主；第二类消费者中 80 年代的占 30.80%，90 年代的占 23.80%，均大于其总体比例，由此可判断第二类消费者以 80 年代的和 90 年代的为主；第三类消费者中 60 年代及以前的占 23.90%，70 年代的占 21.40%，00 年代的占 20.50%，均大于其总体比例，由此可判断第三类消费者以 60 年代及以前的、70 年代的和 00 年代的为主；第四类消费者中 90 年代的占 26.80%，00 年代的占 32.90%，均大于其总体比例，由此可判断第四类消费者以 90 年代的和 00 年代的为主；第五类消费者中 00 年代的占 59.40%，远大于其总体比例，由此可判断第五类消费者以 00 年代的为主。

表 4.63　聚类类别与受教育程度的交叉分析

			两步聚类类别号					合计
			1	2	3	4	5	
受教育程度	高中（含中专、技校）及以下	计数	29	24	32	33	22	140
		行百分比	20.70%	17.10%	22.90%	23.60%	15.70%	100.00%
		列百分比	15.80%	18.50%	27.40%	40.20%	68.80%	25.70%
		总百分比	5.30%	4.40%	5.90%	6.10%	4.00%	25.70%

（续上表）

			两步聚类类别号					合计
			1	2	3	4	5	
受教育程度	大专或同等学力	计数	31	29	11	7	4	82
		行百分比	37.80%	35.40%	13.40%	8.50%	4.90%	100.00%
		列百分比	16.80%	22.30%	9.40%	8.50%	12.50%	15.00%
		总百分比	5.70%	5.30%	2.00%	1.30%	0.70%	15.00%
	大学本科或同等学力	计数	113	68	68	38	6	293
		行百分比	38.60%	23.20%	23.20%	13.00%	2.00%	100.00%
		列百分比	61.40%	52.30%	58.10%	46.30%	18.80%	53.80%
		总百分比	20.70%	12.50%	12.50%	7.00%	1.10%	53.80%
	硕士研究生及以上	计数	11	9	6	4	0	30
		行百分比	36.70%	30.00%	20.00%	13.30%	0.00%	100.00%
		列百分比	6.00%	6.90%	5.10%	4.90%	0.00%	5.50%
		总百分比	2.00%	1.70%	1.10%	0.70%	0.00%	5.50%
合计		计数	184	130	117	82	32	545
		行百分比	33.80%	23.90%	21.50%	15.00%	5.90%	100.00%
		列百分比	100.00%	100.00%	100.00%	100.00%	100.00%	100.00%
		总百分比	33.80%	23.90%	21.50%	15.00%	5.90%	100.00%

由表4.63可知，第一类消费者中学历为大专或同等学力的占16.80%，本科或同等学力的占61.40%，硕士研究生及以上的占6.00%，均大于其总体比例，由此可判断第一类消费者以大专以上学历为主；第二类消费者中学历为大专或同等学力的占22.30%，硕士研究生及以上的占6.90%，大于其总体比例，本科或同等学力的占52.30%，略低于其总体比例，由此可判断第二类消费者以大专以上学历为主；第三类消费者中学历为高中（含中专、技校）及以下的占27.40%，本科或同等学力的占58.10%，大于其总体比例，由此可判断第三类消费者以高中（含中专、技校）及以下和本科或同等学力为主；第四类消费者中学历为高中（含中专、技校）及以下的占40.20%，远大于其总体比例，由此可判断第四类消费者以高中（含中专、技校）及以下学历为主；第五类消费者中学历为高中（含中专、技校）及以下的占68.80%，远大于其总体比例，由此可判断第五类消费者以高中（含中专、技校）及以下学历为主。

表 4.64　聚类类别与职业的交叉分析

			两步聚类类别号					合计
			1	2	3	4	5	
职业	全日制学生	计数	31	18	33	31	21	134
		行百分比	23.10%	13.40%	24.60%	23.10%	15.70%	100.00%
		列百分比	16.80%	13.80%	28.20%	37.80%	65.60%	24.60%
		总百分比	5.70%	3.30%	6.10%	5.70%	3.90%	24.60%
	企业职员	计数	108	62	56	23	7	256
		行百分比	42.20%	24.20%	21.90%	9.00%	2.70%	100.00%
		列百分比	58.70%	47.70%	47.90%	28.00%	21.90%	47.00%
		总百分比	19.80%	11.40%	10.30%	4.20%	1.30%	47.00%
	政府机关/事业单位职员	计数	36	28	19	18	2	103
		行百分比	35.00%	27.20%	18.40%	17.50%	1.90%	100.00%
		列百分比	19.60%	21.50%	16.20%	22.00%	6.20%	18.90%
		总百分比	6.60%	5.10%	3.50%	3.30%	0.40%	18.90%
	个体户/私营业主	计数	9	17	7	5	1	39
		行百分比	23.10%	43.60%	17.90%	12.80%	2.60%	100.00%
		列百分比	4.90%	13.10%	6.00%	6.10%	3.10%	7.20%
		总百分比	1.70%	3.10%	1.30%	0.90%	0.20%	7.20%
	其他	计数	0	5	2	5	1	13
		行百分比	0	38.50%	15.40%	38.50%	7.70%	100.00%
		列百分比	0	3.80%	1.70%	6.10%	3.10%	2.40%
		总百分比	0	0.90%	0.40%	0.90%	0.20%	2.40%
合计		计数	184	130	117	82	32	545
		行百分比	33.80%	23.90%	21.50%	15.00%	5.90%	100.00%
		列百分比	100.00%	100.00%	100.00%	100.00%	100.00%	100.00%
		总百分比	33.80%	23.90%	21.50%	15.00%	5.90%	100.00%

由表 4.64 可知，第一类消费者中，企业职员占 58.70%，政府机关/事业单位职员占 19.60%，均高于总体比例，说明第一类消费者主要是企业职员和政府机关/事业单位职员；第二类消费者中，企业职员占 47.70%，政府机关/事业单位职员占 21.50%，个体户/私营业主占 13.10%，均高于总体比

例，说明第二类消费者主要是企业职员、政府机关/事业单位职员和个体户/私营业主；第三类消费者中全日制学生占28.20%，企业职员占47.90%，均超过总体比例，可以判断第三类消费者中主要是全日制学生和企业职员；第四类消费者中，全日制学生占37.80%，政府机关/事业单位职员占22.00%，可以判断第四类消费者主要是全日制学生和政府机关/事业单位职员；第五类消费者中，全日制学生占65.60%，远大于总体比例，可见第五类消费者主要是全日制学生。

表4.65 聚类类别与家庭平均月收入的交叉分析

			两步聚类类别号					合计
			1	2	3	4	5	
家庭平均月收入	2 999元及以下	计数	4	5	10	12	14	45
		行百分比	8.90%	11.10%	22.20%	26.70%	31.10%	100.00%
		列百分比	2.20%	3.80%	8.50%	14.60%	43.80%	8.30%
		总百分比	0.70%	0.90%	1.80%	2.20%	2.60%	8.30%
	3 000—5 999元	计数	24	36	33	27	11	131
		行百分比	18.30%	27.50%	25.20%	20.60%	8.40%	100.00%
		列百分比	13.00%	27.70%	28.20%	32.90%	34.40%	24.00%
		总百分比	4.40%	6.60%	6.10%	5.00%	2.00%	24.00%
	6 000—8 999元	计数	74	57	29	23	2	185
		行百分比	40.00%	30.80%	15.70%	12.40%	1.10%	100.00%
		列百分比	40.20%	43.80%	24.80%	28.00%	6.20%	33.90%
		总百分比	13.60%	10.50%	5.30%	4.20%	0.40%	33.90%
	9 000元及以上	计数	82	32	45	20	5	184
		行百分比	44.60%	17.40%	24.50%	10.90%	2.70%	100.00%
		列百分比	44.60%	24.60%	38.50%	24.40%	15.60%	33.80%
		总百分比	15.00%	5.90%	8.30%	3.70%	0.90%	33.80%
合计		计数	184	130	117	82	32	545
		行百分比	33.80%	23.90%	21.50%	15.00%	5.90%	100.00%
		列百分比	100.00%	100.00%	100.00%	100.00%	100.00%	100.00%
		总百分比	33.80%	23.90%	21.50%	15.00%	5.90%	100.00%

由表4.65可知，第一类消费者中，家庭平均月收入为6 000—8 999元的占40.20%，为9 000元及以上的占44.60%，均高于总体比例，这说明第一类消费者的家庭月收入多为6 000元以上；第二类消费者中，家庭平均月收入在3 000—5 999元的占27.70%，在6 000—8 999元的占43.80%，均高于总体比例，说明第二类消费者的家庭平均月收入主要在3 000—8 999元之间；第三类消费者中，家庭平均月收入在2 999元及以下的占8.50%，在3 000—5 999元的占28.20%，在9 000元及以上的占38.50%，均高于总体比例，说明第三类消费者中家庭平均月收入呈两极分化态势，即一部分在5 999元以下，一部分则在9 000元以上；第四类消费者中，家庭平均月收入在2 999元及以下的占14.60%，在3 000—5 999元的占32.90%，均大于总体百分比，说明第四类消费者的家庭平均月平均收入主要集中在5 999元以下；第五类消费者中家庭平均月收入在2 999元及以下的43.80%，在3 000—5 999元的占34.40%，均大于总体百分比，说明第五类消费者的家庭平均月收入主要集中在5 999元以下。

我们将五类消费者分别命名为数字依赖型、社交生活型、网络消费型、经济制约型和数字淡漠型（见图4.7）。根据以上的分析，可以大致描绘各类消费者的人口统计特征，如表4.66所示。

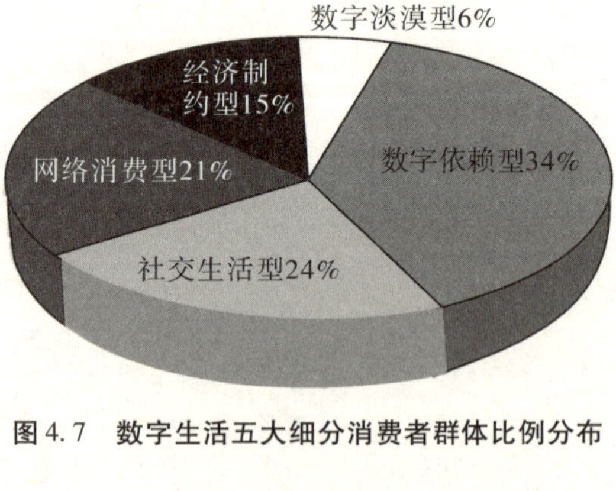

图4.7 数字生活五大细分消费者群体比例分布

表4.66 五类消费者的人口统计特征描述

类型	出生年代	学历	职业	收入
数字依赖型	60年代、70年代和80年代	大专以上	企业职员和政府机关/事业单位职员	6 000元以上

（续上表）

类型	年龄	学历	职业	收入
社交生活型	80 年代和 90 年代	大专以上	企业职员、政府机关/事业单位职员和个体户/私营业主	3 000—8 999 元
网络消费型	60 年代、70 年代和 00 年代	高中及以下、本科	全日制学生和企业职员	一部分为 5 999 元以下，一部分为 9 000 元以上
经济制约型	90 年代和 00 年代	高中及以下	全日制学生和政府机关/事业单位职员	5 999 元以下
数字淡漠型	00 年代	高中及以下	全日制学生	5 999 元以下

1. 数字依赖型

这类消费者的人数最多，占 34%，主要是 60 年代及以前、70 年代和 80 年代出生的消费者，学历大专以上，职业为企业职员和政府机关/事业单位职员，家庭月收入 6 000 元以上。

由表 4.60 可知，该类人群在“对互联网的好感度”、“数字化社交程度”、“数字化消费程度”三项上的得分都是五类人群中最高的。由于这类消费者受教育程度比较高，接受新鲜事物的能力比较强，加上他们有稳定的工作，可支配收入比较高，使得其具有能力进行数字化的消费活动。该类人群是当前数字化程度最高的人群，也是数字消费的主力军。

2. 社交生活型

这类消费者占 24%，主要是 80 年代和 90 年代出生的消费者，学历大专以上，职业为企业职员、政府机关/事业单位职员和个体户/私营业主，家庭月收入在 3 000—8 999 元之间。

由表 4.60 可知，这类消费者在“数字化社交程度”和“数字化消费程度”上的得分居中，但在“对互联网的好感度”上的得发位居倒数第二。这类消费者较为年轻，刚刚步入工作岗位不久，或者还在学校上学，收入较为有限，因此在三个维度上的得分都不太高，即总体而言，数字化程度处于中等水平。

3. 网络消费型

这类消费者占21%，主要是60年代及以前、70年代和00年代出生的消费者，学历为高中及以下和本科，职业为全日制学生和企业职员，家庭月收入一部分在5 999元以下，一部分在9 000元以上。

由表4.60可知，此人群在“对互联网的好感度”、“数字化消费程度”上得分比较高，但在“数字化社交程度”方面得分最低。这类消费者对互联网较有好感，也乐于进行数字化消费，但对数字化社交活动不感兴趣。

4. 经济制约型

这类人群占15%，主要是90年代和00年代出生的消费者，学历为高中及以下，职业为全日制学生和政府机关/事业单位职员，家庭月收入在5 999元以下。

由表4.60可知，该类消费者在“对互联网的好感度”和“数字化社交程度”方面得分较高，但是“数字化消费程度”的得分最低。他们对互联网存有好感，也乐于开展数字化社交活动，但由于家庭收入或自己的可支配收入较低，数字化消费能力受到限制。

5. 数字淡漠型

这一类人群占6%，主要是00年代出生的消费者，学历为高中及以下的全日制学生，家庭月收入在5 999元以下。

由表4.60可得，这类消费者在“对互联网的好感度”的得分最低，“数字化社交程度”和“数字化消费程度”得分位居倒数第二。他们缺乏对互联网的充分了解和接触，对互联网的好感度无从谈起，家庭收入不高及可支配时间的缺乏也使得他们在数字化社交和数字化消费方面表现欠佳。

六、不同人口统计变量的数字化生活方式差异分析

1. 不同出生年代的数字化生活方式差异分析

首先检验方差齐性，结果表明“对互联网的好感度”和“数字化消费程度”两项的 $p < 0.05$（见表4.67），说明两组样本在此维度上都没有通过方差齐性检验，即方差不齐，因而采用稳健的Brown－Forsythe检验来比较样本在以上两个维度的均值。“数字化社交程度”采用标准方差分析法。

Brown-Forsythe检验的结果显示“对互联网的好感度”和“数字化消费程度”两项的 $p < 0.05$（见表4.69），说明出生年代不同的消费者在“对互联网的好感度”和“数字化消费程度”两个维度上有显著差异。

由表4.70可以看出，60年代及以前出生的消费者对网络的好感度最高，接下来依次是70年代、90年代、80年代和00年代出生的消费者。在“数字化消费程度”方面，80年代的均值最高，接下来是70年代、60年代及以前、90年代、00年代，也就是说，从出生年代的角度划分，80年代出生的消费者是数字化消费的主力。

表4.67　方差齐性检验

	Levene 统计量	*df* 1	*df* 2	显著性
对互联网的好感度	8.329	4	540	0.000
数字化消费程度	17.238	4	540	0.000
数字化社交程度	0.941	4	540	0.440

表4.68　不同出生年代的数字化生活方式的方差分析

		平方和	*df*	均方	*F*	显著性
数字化社交程度	组间	7.153	4	1.788	1.799	0.128
	组内	536.847	540	0.994		
	总数	544	544			

表4.69　不同出生年代的稳健性检验

		统计量 *a*	*df* 1	*df* 2	显著性
对互联网的好感度	Brown-Forsythe	4.397	4	420.746	0.002
数字化消费程度	Brown-Forsythe	7.478	4	394.981	0.000

表4.70　不同出生年代的数字化生活方式的均值比较

		N	均值	标准差
对互联网的好感度	60年代及以前	108	0.258 529 9	0.855 052 29
	70年代	109	0.135 289 2	0.813 536 17
	80年代	114	-0.105 272 6	0.903 574 92
	90年代	108	-0.038 026 3	0.850 181 99
	00年代	106	-0.250 564 5	1.405 447 59
	总数	545	0E-7	1.000 000 00

（续上表）

		N	均值	标准差
数字化消费程度	60 年代及以前	108	0.069 857 2	0.784 537 26
	70 年代	109	0.118 116 5	0.852 225 20
	80 年代	114	0.278 351 9	0.727 922 09
	90 年代	108	−0.087 906 1	0.944 620 39
	00 年代	106	−0.402 429 6	1.432 508 90
	总数	545	0E−7	1.000 000 00

2. 不同性别的数字化生活方式的差异分析

首先检验方差齐性，结果表明在三个维度上 $p>0.05$（见表 4.71），说明样本通过方差齐性检验，可以直接采用单因素方差分析法比较样本的均值。根据检验结果发现，“性别”在“对互联网的好感度”、“数字化的消费程度”、“数字化社交程度”方面的 P 值分别为 0.172、0.416 和 0.229，皆大于0.05（见表4.72），说明性别不同的消费者在三个维度上没有显著差异。即说明在数字化生活方式上，男女之间并无显著差异。

表 4.71　方差齐性检验

	Levene 统计量	df 1	df 2	显著性
对互联网的好感度	1.899	1	543	0.169
数字化消费程度	0.206	1	543	0.650
数字化社交程度	2.004	1	543	0.157

表 4.72　不同性别的数字化生活方式的方差分析

		平方和	df	均方	F	显著性
对互联网的好感度	组间	1.869	1	1.869	1.872	0.172
	组内	542.131	543	0.998		
	总数	544	544			
数字化消费程度	组间	0.662	1	0.662	0.662	0.416
	组内	543.338	543	1.001		
	总数	544	544			

（续上表）

		平方和	df	均方	F	显著性
数字化社交程度	组间	1.452	1	1.452	1.453	0.229
	组内	542.548	543	0.999		
	总数	544	544			

3. 不同学历的数字化生活方式的差异分析

先检验方差齐性，结果表明三个因子的 $p<0.05$（见表 4.73），说明没有通过方差齐性检验，即方差不齐，因而采用稳健的 Brown-Forsythe 检验来比较样本的均值。

Brown-Forsythe 检验的结果显示三个因子的 $p<0.05$（见表 4.74），说明学历不同的消费者在“对互联网的好感度”、“数字化消费程度”和“数字化社交程度”三个维度上有显著差异。由表 4.75 可以看出，大学本科或同等学力的消费者“对互联网的好感度”最高，其他按均值递减依次是硕士研究生及以上学历、大专或同等学力和高中（含中专、技校）及以下。“数字化消费程度”方面，硕士研究生及以上学历均值最高，其他按均值递减依次是大专或同等学力、大学本科或同等学力和高中（含中专、技校）及以下。“数字化社交程度”得分最高的是大专或同等学力，其他按照均值递减的顺序依次是硕士研究生及以上、大学本科或同等学力和高中（含中专、技校）及以下学历。

表 4.73　方差齐性检验

	Levene 统计量	df 1	df 2	显著性
对互联网的好感度	11.615	3	541	0.000
数字化消费程度	19.562	3	541	0.000
数字化社交程度	3.747	3	541	0.011

表 4.74　不同学历的数字化生活方式的稳健性检验

		统计量 a	df 1	df 2	显著性
对互联网的好感度	Brown-Forsythe	4.253	3	285.66	0.006
数字化消费程度	Brown-Forsythe	9.017	3	269.724	0.000
数字化社交程度	Brown-Forsythe	3.914	3	253.344	0.009

表 4.75　不同学历的数字化生活方式的均值比较

		N	均值	标准差
对互联网的好感度	高中（含中专、技校）及以下	140	-0.191 787 9	1.365 412 60
	大专或同等学力	82	-0.164 912 1	0.916 890 46
	大学本科或同等学力	293	0.125 809 2	0.802 908 05
	硕士研究生及以上	30	0.117 033 4	0.744 871 24
	总数	545	0E-7	1.000 000 00
数字化消费程度	高中（含中专、技校）及以下	140	-0.355 069 4	1.347 422 03
	大专或同等学力	82	0.151 159 8	0.818 330 09
	大学本科或同等学力	293	0.093 459 1	0.815 036 90
	硕士研究生及以上	30	0.331 036 2	0.789 023 95
	总数	545	0E-7	1.000 000 00
数字化社交程度	高中（含中专、技校）及以下	140	-0.231 267 7	1.116 162 15
	大专或同等学力	82	0.133 662 1	0.826 169 99
	大学本科或同等学力	293	0.064 818 3	0.985 812 35
	硕士研究生及以上	30	0.080 847 4	0.858 849 91
	总数	545	0E-7	1.000 000 00

4. 不同职业的数字化生活方式的差异分析

先检验方差齐性，结果表明“对互联网的好感度”和“数字化消费程度”两项的 $p<0.05$（见表 4.76），说明两组样本在此维度上都没有通过方差齐性检验，即方差不齐，因而采用稳健的 Brown-Forsythe 检验来比较样本在以上两个维度的均值。“数字化社交程度”采用标准方差分析法。

Brown-Forsythe 检验的结果显示“数字化消费程度”的 $p<0.05$（见表 4.78），说明职业在“数字化消费程度”上有显著差异。由表 4.79 可以看出，企业职员在“数字化消费程度”上得分最高，其他按得分高低依次是个体户/私营业主、政府机关/事业单位职员、全日制学生、其他。

表 4.76　方差齐性检验

	Levene 统计量	df 1	df 2	显著性
对互联网的好感度	9.73	4	540	0.000
数字化消费程度	11.833	4	540	0.000
数字化社交程度	2.211	4	540	0.067

表 4.77　不同职业的数字化生活方式的方差分析

		平方和	df	均方	F	显著性
数字化社交程度	组间	8.612	4	2.153	2.172	0.071
	组内	535.388	540	0.991		
	总数	544	544			

表 4.78　不同职业的数字化生活方式的稳健性检验

		统计量 a	df 1	df 2	显著性
对互联网的好感度	Brown-Forsythe	1.738	4	139.78	0.145
数字化消费程度	Brown-Forsythe	6.797	4	51.984	0.000

表 4.79　不同职业的数字化生活方式的均值比较

	职业	N	均值	标准差
数字化消费程度	全日制学生	134	-0.267 84	1.267 148
	企业职员	256	0.153 962	0.811 827
	政府机关/事业单位职员	103	0.068 757	0.816 977
	个体户/私营业主	39	0.129 837	0.863 922
	其他	13	-1.205 32	1.587 231
	总数	545	0.00E+00	1.000 000

5. 不同级别城市的数字化生活方式的差异分析

先检验方差齐性，结果表明“对互联网的好感度”的 $p<0.05$（见表 4.80），说明样本在此维度上没有通过方差齐性检验，即方差不齐，因而采用稳健的 Brown-Forsythe 检验来比较样本在此维度的均值。“数字化消费程度”和“数字化社交程度”采用标准方差分析法。“数字化消费程度”

和“数字化社交程度”的 $p > 0.05$，使用单因素方差检验，检验结果 $p > 0.05$（见表4.81），说明在这两个维度上没有显著差异。

Brown-Forsythe 检验的结果显示“对互联网的好感度”的 $p < 0.05$（见表4.82），说明不同城市的消费者在“对互联网的好感度”上有显著差异。由表4.83可以看出，四线城市的好感度最高，其他按照均值递减依次是二线城市、三线城市和一线城市。

表4.80 方差齐性检验

	Levene 统计量	df 1	df 2	显著性
对互联网的好感度	3.513	3	541	0.015
数字化消费程度	0.481	3	541	0.696
数字化社交程度	0.77	3	541	0.511

表4.81 不同级别的城市数字化生活方式的方差分析

		平方和	df	均方	F	显著性
数字化消费程度	组间	2.589	3	0.863	0.862	0.460
	组内	541.411	541	1.001		
	总数	544	544			
数字化社交程度	组间	0.375	3	0.125	0.124	0.946
	组内	543.625	541	1.005		
	总数	544	544			

表4.82 不同级别城市的数字化生活方式的稳健性检验

对互联网的好感度				
	统计量 a	df 1	df 2	显著性
Brown-Forsythe	2.681	3	503.022	0.046

表4.83 不同级别城市的数字化生活方式的均值比较

对互联网的好感度			
	N	均值	标准差
一线城市（北上广深）	147	-0.152 09	1.239 055

（续上表）

对互联网的好感度			
	N	均值	标准差
二线城市（其他省会城市和直辖市）	143	-0.000 4	0.960 296
三线城市（地级市）	131	-0.006 2	0.904 684
四线城市（县级市、县城）及以下	124	0.187 314	0.779 564
总数	545	0.00E+00	1

6. 不同家庭月收入的数字化生活方式的差异分析

先检验方差齐性，结果表明“对互联网的好感度”和“数字化消费程度”两个维度的 $p<0.05$（见表4.84），说明样本在这两个维度上都没有通过方差齐性检验，即方差不齐，因而采用稳健的 Brown-Forsythe 检验来比较样本在以上维度的均值，结果显示“对互联网的好感度”和“数字化消费程度”两个维度的 $p<0.05$（见表4.85）。“数字化社交程度”采用标准方差分析方法，结果表明 $p<0.05$（见表4.86），说明在三个维度上都有显著差异。

由表4.87可以看出，在“对互联网的好感度”及“数字化消费程度”两个维度上，收入越高的消费者，均值得分就越高；而在“数字化社交程度”的维度上，6 000—8 999 元收入水平的消费者的社交程度最高，其他按均值递减的顺序依次是9 000 元及以上、3 000—5 999 元、2 999 元及以下。

表4.84 方差齐性检验

	Levene 统计量	$df\,1$	$df\,2$	显著性
对互联网的好感度	11.875	3	541	0.000
数字化消费程度	15.286	3	541	0.000
数字化社交程度	1.401	3	541	0.242

表4.85 不同家庭收入的数字化生活方式的稳健性检验

		统计量 a	$df\,1$	$df\,2$	显著性
对互联网的好感度	Brown-Forsythe	8.406	3	138.734	0.000
数字化消费程度	Brown-Forsythe	5.355	3	162.166	0.002

表 4.86　不同家庭收入的数字化生活方式的方差分析

		平方和	df	均方	F	显著性
数字化社交程度	组间	17.883	3	5.961	6.13	0.000
	组内	526.117	541	0.972		
	总数	544	544			

表 4.87　不同家庭收入的数字化生活方式的均值比较

		N	均值	标准差
对互联网的好感度	2 999 元及以下	45	-0.605 171 8	1.525 954 52
	3 000—5 999 元	131	-0.177 301 7	1.070 880 63
	6 000—8 999 元	185	0.013 492 0	0.902 151 24
	9 000 元及以上	184	0.260 669 7	0.773 799 49
	总数	545	0E-7	1.000 000 00
数字化消费程度	2 999 元及以下	45	-0.517 828 2	1.430 514 33
	3 000—5 999 元	131	-0.153 352 7	1.161 755 09
	6 000—8 999 元	185	0.090 214 4	0.773 827 75
	9 000 元及以上	184	0.145 118 5	0.898 672 73
	总数	545	0E-7	1.000 000 00
数字化社交程度	2 999 元及以下	45	-0.423 239 7	1.034 248 39
	3 000—5 999 元	131	-0.184 411 2	1.077 081 28
	6 000—8 999 元	185	0.145 949 3	0.928 086 59
	9 000 元及以上	184	0.088 059 9	0.963 117 94
	总数	545	0E-7	1.000 000 00

7. 独生子女与非独生子女的数字化生活方式的差异分析

首先检验方差齐性，结果表明所有维度的 p 值都大于 0.05（见表 4.88），说明方差齐，可直接采用标准的单因素方差分析法。从表 4.89 可以看出，独生子女与非独生子女在“数字化消费程度”上有显著差异。由表 4.90 可以发现，独生子女在“数字化消费程度”上得分较高，这说明成长在经济条件更优越的家庭的独生子女的数字化消费程度比非独生子女的要高。

表 4. 88　方差齐性检验

	Levene 统计量	df 1	df 2	显著性
对互联网的好感度	0. 889	1	543	0. 346
数字化消费程度	1. 192	1	543	0. 275
数字化社交程度	0. 037	1	543	0. 848

表 4. 89　独生子女与非独生子女的数字化生活方式的方差分析

		平方和	df	均方	F	显著性
对互联网的好感度	组间	0. 001	1	0. 001	0. 001	0. 982
	组内	543. 999	543	1. 002		
	总数	544	544			
数字化消费程度	组间	6. 203	1	6. 203	6. 263	0. 013
	组内	537. 797	543	0. 99		
	总数	544	544			
数字化社交程度	组间	2. 378	1	2. 378	2. 384	0. 123
	组内	541. 622	543	0. 997		
	总数	544	544			

表 4. 90　独生子女与非独生子女的数字化生活方式的均值比较

		N	均值	标准差
数字化消费程度	是	245	0. 118 05	0. 976 551
	否	300	-0. 096 41	1. 010 159
	总数	545	0. 00E +00	1. 000 000

第五章　结论与数字营销启示

一、消费者数字化程度与营销策略

1. 数字媒体成为生活不可或缺的一部分

从调查结果可知，92.11%的消费者每天上网超过2个小时，他们大都关注数字产品资讯，智能手机几乎人手一部；他们会下载手机App，网购已成为他们的日常消费方式之一，很多人都已经熟悉了数字支付方式；与人分享，成为生活中的乐趣。社交，从现实延伸到虚拟网络。

网络成为生活中必不可少的一部分。网络培养了他们新的兴趣，他们会从网络中寻求各种生活信息。网络在给生活带来便利的同时，也让他们的视野得到了拓展。他们会从网上搜索不同的信息，并通过自己的判断来形成态度。

越来越多的企业开始把注意力从传统媒体转向数字媒体，逐步提高在数字媒体上的投放预算，就是因为越来越多的消费者开始通过网络等数字媒体来获取各种信息。全球最大的广告主——宝洁，这个电视广告黄金时代的象征，如今也开始缩减在电视广告上的预算，同时加速“拥抱”互联网，并把社交媒体提升到战略层面。宝洁的转型是数字时代企业营销的一个缩影，越来越多的企业开始成为互联网的广告主。

企业还需要注意互动。消费者已经不容易被说服，继续采用老旧的宣传口号式营销会被消费者抛弃。企业需要与消费者建立平等关系并展开互动。企业应该注重培养消费者的兴趣。时下流行的微博营销中，有的企业风生水起，有的企业却默默无闻，很大原因在于有些企业只是把微博当做另一种报纸或者电视，不能展开有效的互动。企业应该针对消费者的特点开展更多的创意互动传播，跟消费者交朋友，提高其忠诚度。

企业还应该在产品的审美方面有所提高，消费对于数字时代的消费者来说，不仅仅是物质上的满足，更是精神上的享受。产品的格调、品位都会影响到消费者的选择，比如消费者追捧的iPhone手机，在他们看来，好用固然是基本，但是外形时尚也是他们选择苹果手机的关键因素之一。

2. 网络购物成为消费时尚

由分析可知，95%以上的受访者在最近一个月内都有过网购行为，且近半数受访者网购的次数较为频繁（4次以上的占46.14%）。数字支付也越来越为消费者所接受。网络购物成为数字化生活方式的重要组成部分。

对于传统企业来说，“网上开店”是一个不错的选择，当然，这已经不新鲜了，重要的是，企业应该知道如何在网上销售自己的产品。在网上购物时，消费者会通过各种途径对产品进行全面了解，因此，企业的口碑就显得尤为重要。企业在开展网络营销时，应特别注意售前、售中和售后的服务质量；在产品设计、价格优惠、及时送货、售后跟踪等环节上多下功夫，在消费者当中形成良好的口碑，提高销量的同时，也提升了品牌价值。否则，消费者可能不仅在线上疏远企业，甚至可能将不满的情绪蔓延到线下，企业得不偿失。

3. 移动互联网渐成主流

由分析可知，数字生活中App的应用十分广泛。随着移动互联网的普及，智能手机也开始成为“标准配备”。手机上网时长在逐渐增加，WiFi、3G网络等技术的发展也促进了移动生活的普及。移动互联网在下一个十年将呈现井喷之势。

企业该如何应对？企业的产品也许和移动互联网沾不上边，但企业的营销绝对离不开移动互联网。例如，随着微信的兴起，很多企业开始在微信平台上开设公众账号，因为如今消费者更多地把时间花费在了手机等移动终端上。谁把握了移动终端的优势，谁就占据了话语的阵地。

还有一个很有趣的营销形式，即开发企业的专属App，通过应用的黏性来吸引消费者，从而促进产品的销售，并提升消费者对品牌的忠诚度。当然，App的开发不是简单地做一个界面，而是需要依托巨大的数据库资源，针对消费者的特征来设计。强调互动性、趣味性是开发App的重要标准。如消费者的手机中装载的应用有很多，但可能就只有一两个常用的令他难以割舍。

二、消费者数字化生活方式市场细分与营销策略

根据上文的分析，可分为五类不同数字化生活方式的消费者，分别是：数字依赖型、社交生活型、网络消费型、经济制约型和数字淡漠型。根据五类消费者的不同人口数量及生活方式特征，应采取差异化的数字营

销策略。

1. 数字依赖型

该类消费者在“对互联网的好感度”、“数字化社交程度”、“数字化消费程度”三个维度上的得分都是五类人群中最高的。他们受教育程度比较高，思想也较为活跃，对新鲜事物的好奇心和接受新鲜事物的能力都比较强，加上其稳定的工作，可支配收入较高，也使得他们有足够的能力进行数字化消费。该类消费者是当前数字化程度最高的人群，也是数字化消费的主力军，因而他们是数字营销时应该重点关注的对象。

该类消费者对产品的价格不太敏感，而对产品的时尚、潮流青睐有加，这就需要企业在产品的设计上有所突破：造型新颖，风格时尚。这类型消费者的数字化社交程度较高，因此微博、微信等社交媒体是企业营销的重要阵地。此外，营销活动需要有创意性和互动性，吸引他们参与到活动中来。对于他们而言，单向推送的传统营销方式已经不管用了。

2. 社交生活型

这类消费者在“数字化社交程度”和“数字化消费程度”上的得分居中，但在“对互联网的好感度”上的得分排名倒数第二。他们较为年轻，学历水平较高，思想较为活跃，接受新事物的能力较强，但由于刚刚工作不久，或者还在学校上学，收入较为有限，这使得他们的数字化程度还有较大的提升空间。可以明确的是，选择数字媒体对他们进行营销传播仍是较为可行的策略，而且可以预测在不久的将来，随着工作的稳定和收入的增长，他们在数字化社交和数字化消费等方面都会有一个较大的提升。他们是企业应该培养的未来数字消费的生力军。

3. 网络消费型

这类消费者在“对互联网的好感度”、“数字化消费程度”上得分比较高，但“数字化社交程度”方面得分最低。这群消费者的学历、年龄和收入呈两极分化。一部分是学历、收入较高的企业白领，一部分是在读的中小学生。他们要么忙于工作，要么忙于学习，没有太多的时间进行数字社交活动，但他们都对网络存有好感，喜欢数字化的消费方式。所以针对这群消费者，网络口碑营销可能不大奏效，应采取硬广告投放和线下口碑传播的营销方式，让他们知道在哪个网站可以购买到价廉物美的产品，并提供良好的售前、售中和售后服务，以达到良好的营销效果。

4. 经济制约型

这类消费者在“对互联网的好感度”和“数字化社交程度”方面具有

较高的分值，但是“数字化消费程度”则得分最低。他们的学历、收入较低，虽然对网络存有好感，乐于开展数字化社交活动，但受限于较低的收入和知识水平，他们在数字化消费方面表现得很不积极。针对这类消费者，可以开展网络口碑营销，并采取低价策略，吸引他们在线下进行购买。

5. 数字淡漠型

这类消费者在“对互联网的好感度”的得分最低，“数字化社交程度”和“数字化消费程度”得分倒数第二。总体说来，这个群体的数字化程度最低，企业对其开展数字营销收效将会很不明显，建议以传统的营销传播方式为主。

三、不同人口统计变量的数字化生活方式差异与营销策略

1. 不同出生年代的数字化生活方式差异

由以上分析可知，不同出生年代的消费者中，60 年代及以前、70 年代和 80 年代出生的消费者上网时间较长；90 年代和 00 年代（尤其是 90 年代）出生的消费者移动互联网生活方式更为普遍；在对数字产品最新资讯的关注度的均值中，由低到高的出生年代分别是 60 年代及以前、80 年代、70 年代、90 年代和 00 年代；在手机 App 使用度的均值中，由高到低的出生年代分别是 90 年代、80 年代、70 年代、60 年代及以前和 00 年代。60 年代及以前的消费者对网络的好感度最高，80 年代的消费者是数字消费的主力。

数字营销启示：第一，80 年代是改革开放以后出生的第一代，他们成长于经济大发展、科技日新月异的大好环境，对新生事物接受能力强，他们与中国互联网一起成长。自中国 1994 年首次接入国际互联网，1995 年诞生第一家商业网站以来，80 年代出生的消费者成为互联网的第一批实践者，随后又见证了互联网对生活方式的巨大改变，对数字产品有着深厚感情。他们已经或正在步入而立之年，家庭和工作都已稳定，是人生消费的旺盛期，同时他们也是数字消费的主力，网络营销和电子商务应重点关注这一消费人群。第二，“90 后”的消费者出生于中国市场经济蓬勃发展的 90 年代，他们从懂事起就开始接触互联网和手机，他们是伴随着移动互联网成长起来的一代，因此，他们对移动生活方式最为热衷，移动互联网营销对这一代消费者更为有效。90 年代出生的消费者目前多为在校学生，随着时间的推移，他们将逐渐走向社会，消费能力将日益提升，可以预测，十年以后，他们将取代 80 年代出生的消费者成为数字消费的主力。第三，

60 年代及以前、70 年代出生的消费者均处于事业发展的高峰期，消费能力最强，对互联网的好感度高，他们同样是数字营销的重要目标。第四，00 年代出生的消费者年龄还小，他们的时间和精力主要用在学习上，还没有独立消费的能力，虽然表现出对移动互联网的极大热情，但目前还不足以成为数字营销的主要对象。

2. 不同性别的数字化生活方式差异

由以上分析可知，女性的网络购物次数明显高于男性；对数字产品最新资讯的关注度，男性的均值高于女性的均值；手机 App 的使用度，男性的均值低于女性的均值。在数字化生活方式的三个维度上，两性之间并无显著差异。

数字营销启示：男性对数字产品的最新资讯更为关注，数字产品营销应以男性消费者为主。例如，iPhone 每隔一段时间就要推出一款新的产品，这个时候，男性消费者总是比女性消费者更为积极地去追捧，他们往往是数字新产品消费的意见领袖，故而应首先对其展开营销攻势，然后再争取其他消费者；女性更喜欢网络购物，在家庭中，她们常常扮演购物者的角色，家里的大件小件物品都是她们从网上“淘”来的，因此，电子商务企业的网络营销应着重针对女性消费者；此外，女性消费者更喜欢使用手机 App，这为企业的 App 营销提供了机会。

3. 不同学历的数字化生活方式差异

由以上分析可知，硕士研究生及以上学历的消费者用电脑上网的时间最长，网购频率也最高；学历越高的消费者，越关注数字产品的最新资讯，同时也越常使用手机 App；硕士研究生及以上学历的消费者在“数字化消费程度”方面得分最高；“数字化社交程度”得分最高的是拥有大专或同等学力的消费者。

数字营销启示：总体而言，学历越高的消费者，数字化生活方式就更为普遍，因此，数字营销应着重针对高学历人群。

4. 不同职业的数字化生活方式差异

由以上分析可知，平均每天上网时间在 4 小时以上的，个体户/私营业主占 87.2%，政府机关/事业单位职员占 82.5%，企业职员占 75.8%，全日制学生占 46.2%；个体户/私营业主和全日制学生用手机上网的时长比企业职员和政府机关/事业单位职员要长；个体户/私营业主网络购物的频率最高，企业职员次之，政府机关/事业单位职员排第三，全日制学生排第四；企业职员对数字产品最新资讯的关注度和手机 App 的使用度都是最高的；全日制学生对数字产品最新资讯的关注度和手机 App 的使用度都是最低的；企业职员在“数字化消费程度”得分最高，其他按得分高低依次是个体户/私营业主、政府机关/事业单位职员、全日制学生、其他。

数字营销启示：企业职员和个体户/私营业主的数字化程度相对较高，数字营销应注重针对这两类消费者。

5. 不同级别城市的数字化生活方式差异

由以上分析可知，不同级别城市的消费者在“对互联网的好感度”上有显著差异。从描述统计表中可以看出，四线城市的好感度最高，其他按照均值递减依次是二线城市、三线城市和一线城市；而在数字化生活方式的其他方面，不同级别城市的消费者并无显著差异。

数字营销启示：在数字营销上，虽然不同级别城市的消费者在“对互联网的好感度”上有显著差异，但总体而言，他们的数字化生活方式并没有太大差异，因此，不同级别城市不应作为数字营销的市场细分变量。

6. 不同家庭平均月收入的数字化生活方式差异

由以上分析可知，用电脑上网时间最长的为家庭平均月收入在6 000—8 999 元的消费者，接下来是家庭平均月收入为9 000 元及以上的、3 000—5 999 元的和 2 999 元及以下的；使用智能手机比例最高的是家庭平均月收入为 6 000—8 999 元的消费者，接下来是家庭平均月收入为 9 000 元及以上的、3 000—5 999 元的和 2 999 元及以下的；家庭平均月收入较低的消费者用手机上网的时间更长；家庭平均月收入越高的消费者，网络购物的频率也越高，对数字产品最新资讯的关注度和手机 App 的使用度也越高；在“对互联网的好感度”及“数字化消费程度”两个维度上，收入越高的消费者，均值得分就越高；而在“数字化社交程度”的维度上，收入水平在 6 000—8 999元的消费者社交程度最高，其他按均值递减的顺序依次是 9 000元及以上、3 000—5 999 元、2 999 元及以下。

数字营销启示：总体而言，收入越高的消费者数字化程度越高，因此，数字营销应更多地针对高收入消费人群。

7. 独生子女与非独生子女的数字化生活方式差异

由以上分析可知，独生子女与非独生子女仅在“数字化消费程度”这一维度上有显著差异，独生子女在“数字化消费程度”上得分比非独生子女要高。

数字营销启示：总体而言，独生子女与非独生子女在数字化生活方式上并没有太大差异，是否是独生子女不适合作为数字营销的市场细分变量。

附　录

消费者数字化生活方式调查问卷

第一部分：以下是对您使用网络情况的基本了解，所有选择题均为单选题，请在您认为符合您个人情况的选项上打“√”。

1. 您平均每天用电脑上网的时长：

A. 2小时以下　　B. 2—4小时　　C. 4—6小时
D. 6—8小时　　E. 8小时以上

2. 您使用的是否是智能手机？

（智能手机：有独立操作系统，可自行安装软件、游戏等第三方服务商提供的程序）

A. 是　　B. 不是　　C. 不清楚

3. 您平均每天用手机上网的时长：

A. 2小时以下　　B. 2—4小时　　C. 4—6小时
D. 6—8小时　　E. 8小时以上

4. 您最近一个月进行网络购物的次数：

A. 没有　　B. 1—3次　　C. 4—6次　　D. 7次及以上

第二部分：对以下生活方式的陈述，您有多同意？

1表示完全不同意，2表示比较不同意，3表示中立，4表示比较同意，5表示完全同意，数值越大表示越同意，请在您认为符合您个人情况的数值上打“√”。

（数字产品：指信息内容基于数字格式的交换物或通过因特网以比特流方式运送的产品，包括智能手机、数码相机、MP3 播放器、平板电脑等）

题目	完全不同意	比较不同意	中立	比较同意	完全同意
5. 我经常关注数字产品的最新资讯。	1	2	3	4	5
6. 我经常使用手机 App（如微信、QQ、水果忍者等）。	1	2	3	4	5
7. 我经常通过 QQ、微博、微信等方式与亲朋好友交流。	1	2	3	4	5
8. 我经常在网络上分享我的生活（如照片、状态、日记等）。	1	2	3	4	5
9. 经常与周围朋友谈论各种最新的数字（产品/应用等）资讯。	1	2	3	4	5
10. 我总是很乐意和在虚拟社区认识的朋友一起参加各种活动。	1	2	3	4	5
11. 我经常在数字产品上浏览信息。	1	2	3	4	5
12. 我经常从 App 商店（如安卓市场等）下载或购买应用产品。	1	2	3	4	5
13. 我更乐于通过网络了解生活等服务信息（如租房、订票等）。	1	2	3	4	5
14. 相对电视、报纸等传统媒体，我更喜欢用手机看新闻。	1	2	3	4	5
15. 互联网让我觉得轻松和愉悦。	1	2	3	4	5
16. 上网时我有经常登录的网站、社区。	1	2	3	4	5
17. 网络给我带来了许多新的兴趣和爱好。	1	2	3	4	5

（续上表）

题目	完全不同意	比较不同意	中立	比较同意	完全同意
18. 我对最新技术的数字产品完全不感兴趣。	1	2	3	4	5
19. 我经常购买最新的数字产品。	1	2	3	4	5
20. 我经常通过数字产品购买商品。	1	2	3	4	5
21. 购买前，我经常通过网络了解产品信息（参数、价格、评价等）。	1	2	3	4	5
22. 我认为通过数字产品能买到性价比更好的东西。	1	2	3	4	5
23. 我很相信数字支付（包括网上支付和手机支付）的安全性。	1	2	3	4	5
24. 网络拓宽了我的视野。	1	2	3	4	5
25. 网络改变了我对某些事物的看法。	1	2	3	4	5
26. 网络上的信息会影响我的情绪。	1	2	3	4	5
27. 网络提高了我对公共事件的关注度。	1	2	3	4	5

第三部分：为便于开展学术研究，我们需要了解您的以下个人资料。所有资料我们都会严格保密。请在您认为符合您个人情况的选项上打“√”。

28. 您的性别：

A. 男　　B. 女

29. 您是否是独生子女：

A. 是　　B. 否

30. 您的出生年代是在：

A. 60 年代及以前　　B. 70 年代　　C. 80 年代

D. 90 年代　　E. 00 年代

31．您的受教育程度：

A．高中（含中专、技校）及以下　　B．大专或同等学力

C．大学本科或同等学力　　D．硕士研究生及以上

32．您的职业：

A．全日制学生　　B．企业职员　　C．政府机关/事业单位职员

D．个体户/私营业主　　E．其他（请注明）____________

33．您所在的城市：

A．广州　　B．北京　　C．上海　　D．深圳

E．二线城市（其他省会城市和直辖市）

F．三线城市（地级市）

G．四线城市（县级市、县城）及以下

34．您的家庭平均月收入：

A．2 999 元及以下　　B．3 000—5 999 元

C．6 000—8 999 元　　D．9 000 元及以上

下　篇

数字营销十大标杆个案

〈最佳数字整合营销案例之一〉

尊尼获加“语路”前行：数字平台打造品牌形象

广告大师大卫·奥格威曾经说过：“我们坚信每一则广告都必须被看成是对品牌形象这种复杂的象征符号作贡献，被看成是对品牌声誉所做的长期投资的一部分。”① 这句话用来解读整合营销传播活动最合适不过。在整合营销传播中，品牌的每一次营销活动，势必都服从于这个目标。尊尼获加（JOHNNIE WALKER）“语路”计划及其后的整体营销策略是大卫·奥格威这句话的最好践行。

尊尼获加，苏格兰威士忌，世界十大名酒之一，诞生于1820年，以卓越酒质享誉全球。尊尼获加分为红牌、黑牌、绿牌、金牌、蓝牌五种。色彩浓烈的个性标签恰似尊尼获加五彩斑斓的梦想阶梯。尊尼获加将自己的消费对象锁定为25岁以上的社会新力量以及社会中坚力量，并努力将自己打造成为一个时尚品牌。所以其目标顾客大多为中产阶级，追求梦想和成功，或者已经是成功人士。② 其中，主要针对的又是这类人群中的男性群体。冒险对于他们来说是一种习惯，他们的理念是：走自己的路，任由他人评说。尊尼获加试图挖掘出并强化消费群体的这类特质，而这类特质是与尊尼获加品牌精神——“KEEP WALKING”（永远向前）相符合的，同时，也符合尊尼获加一直打造的自身品牌形象——不断追求梦想的绅士。换言之，“KEEP WALKING”这个理念，将通过一系列的营销活动落实，并贯穿整个营销传播活动。下面就以尊尼获加的2010“语路”计划与其后续活动2011“语路”问行动、2012“六强进步行动”、2013“超越行动”为例来探讨其如何利用数字化平台构建品牌形象。

---

① 杨明皓．奥美集团亚太区董事长序［A］．［美］大卫·奥格威著．一个广告人的自白［M］．林桦译．北京：中国物价出版社，2011.1.

② 佚名．尊尼获加“语路计划”［J］．广告大观，2011（11）：93~95.

一、品牌文化的营销：活动链条　环环相扣

语言，总有一种无法言语的力量，那不仅仅是语言，那是根植于激情之上，思想与灵魂的光芒。一个人，一段话，不但带来希望，而且改变每一代人，尊尼获加，永远向前，相信我们能够点燃每个人心中的梦想。——“语路”计划

2010年，“80后”开始步入而立之年，逐步成为社会中坚力量，成为资产新贵，他们的思维方式、个人意识都与前辈们有着明显的不同。如何让他们接受尊尼获加“KEEP WALKING”的品牌精神，为其所影响、所激励，进而让这群新贵成为尊尼获加的忠诚客户群呢？尊尼获加用2010“语路”计划、2011“语路”问行动、2012“六强进步行动”以及2013“超越行动”这一系列整合营销活动让“KEEP WALKING”的品牌精神逐步渗入。四个活动体现的是“一句话与一个梦想”的品牌文化，是四个持续、渐进的营销活动链条，并且环环相扣。

1. 2010“语路”计划

2010年11月16日尊尼获加在北京宣布“语路”计划正式启动。自此，尊尼获加拉开了以年轻一代为主角的“新十年”营销之路的序幕。“语路”计划旨在通过展示那些坚持梦想，在不同的人生角色中实现志向的代表人物的话语，鼓励年轻一代点燃激情和放飞梦想，共同踏上奋斗之路，向前进发。“语路”计划特别邀请贾樟柯携六位新锐导演共同摄制当代中国财经、文化、社会等领域的杰出人士的访谈短片。通过受访者具有强烈个人风格的语言，给予年轻一代实现梦想、“永远向前”的启迪。整个“语路”计划的执行过程分为以下四个阶段：

第一阶段：计划启动，预热造势

“语路”计划以“电影新片开拍”新闻发布会的形式启动，贾樟柯携六位新锐导演出席启动仪式，突显了“语路”计划“微电影”这一活动核心。同时，以贾樟柯作为“语路”计划12部短片的总监制，使得“语路”计划更加深了梦想的色彩，并且，在宣传时介绍了六位新锐导演出色的纪录片拍摄水平，强调其人生上升阶段的特点，并强化“KEEP WALKING”的精神理念。而韩寒为其拍摄的一分多钟的宣传片，使得该计划具有更鲜明的立场。

第二阶段：网络营销，话题升温

“语路”计划前期活动的核心亮点在于年轻一代的代表人物韩寒代言“语路”计划的线上营销活动。2010 年 12 月，韩寒以“语路”计划的新浪博客为根据地发起视频投票，探讨“我们是否是没有梦想的一代”。韩寒的加入拉升了“语路”计划在新浪博客的人气，不论是否出于“与韩寒对话”这一目的，韩寒的代言吸引了一批人在博客上留言探讨与梦想相关的话题，也吸引了众多媒体关注并报道“语路”计划。其后，沈宏非、闾丘露薇、李承鹏和洪晃四位文化名人为“语路”博客板块撰写梦想博文，并在各大社交媒体中推广流传，通过名人效应吸引了更多的网友参加活动。“语路”博客上的一句口号“发表你的语路，让我们一起改变世界”，开启了“一句话与一个梦想”的尊尼获加梦想时代。

第三阶段：《语路》首映，引爆高潮

2011 年 1 月 5 日，历时 3 个多月的筹划准备、拍摄、后期制作的 12 部影片在北京 798 艺术区举行了首映式。3 月 22 日，《语路》登陆香港，并确定为第五届云之南纪录影像展特别影展单元影片。

12 部影片情况概括如下：

表 1　12 部影片概览

监制	导演	采访对象	视频简介
贾樟柯	贾樟柯	潘石屹	昨天他是从甘肃农村里走出来的穷孩子，今天他是中国房地产行业的领军人物，他认为困难是提高能力的最好考验，他是：潘石屹。
	王子昭	肖鹏	他对旅游充满激情，他将激情转化为事业，他非常清楚自己要什么，并在努力实现，他是：肖鹏。
	陈涛	周云蓬	他的生活方式比我们大多数人艰难许多，但他没有选择平静的生活，他带着他的民谣音乐走遍大半个中国，他是：周云蓬。
	陈涛	张颖	她是 800 个孩子的妈妈，而她自己的孩子却不能常常见到她，她是迷路人在黑暗中看到的那丝光亮，她是：张颖。
	陈挚恒	罗永浩	他做过许多你想象不到的工作，他曾被当作“不正常”的人，他是我们喜爱的英语老师，他仍在不断奋斗，他是：罗永浩。
	陈挚恒	王一扬	一位将西方时髦观念东方化的中国时装界领军人物，他不怕被淘汰，他只想在那之前，能展示自己最好的设计，能被人记住，他是：王一扬。

（续上表）

监制	导演	采访对象	视频简介
贾樟柯	陈翠梅	王克勤	他是中国记者中的风云人物，面对生死劫难，仍然敢于说真话、揭黑幕。不管能作出多少改变，他都坚持自己的路，他是：王克勤。
	宋方	张军	他继承传统，也继往开来；他是昆曲王子，也是时尚达人；他希望在舞台上绽放自己所有的梦想，他是：张军。
	宋方	黄豆豆	他是中国跳舞跳得“最男人”的舞蹈者，他是当今世界最重要的编舞者之一，他的舞蹈感染了许多人，他的故事定会感染更多人，他是：黄豆豆。
	卫铁	赵中	他是美国《时代》杂志评选出的“环保英雄”，他克服了重重困难，坚持不懈，他找到了一个普通人在环保事业中的社会价值，他是：赵中。
	卫铁	徐冰	他是中国当今最有影响的现代艺术家之一，他用“天书”影响世界，他用满腔热情去做有创造性的事，去做别人没有做过的事，他是：徐冰。
	贾樟柯	曹非	他是在网上卖菜的大学生，他曾经失败但没有放弃，他说人活着就是为了争一口气，他是：曹非。

我们梳理了一下《语路》纪录片的电影预告片脚本，以窥《语路》纪录片的全貌。

表2　《语路》预告片脚本

镜号	脚本	形式	转场	备注
1	本片由尊尼获加高级苏格兰威士忌发起	字幕	黑场叠化	背景音乐：尊尼获加“语路”计划主题音乐
2	一段路 一句话 一代人	字幕	黑场叠化	
3	语路	字幕	黑场叠化	
4	导演：陈涛、陈挚恒、贾樟柯、宋方、陈翠梅、王子昭、卫铁	字幕	黑场叠化	
5	监制：贾樟柯	字幕	黑场叠化	

（续上表）

镜号	脚本	形式	转场	备注
6	（演讲结束）罗永浩：喂?	字幕+画面	叠化	
7	（采访）曹非：人这一辈子，就是为了争一口气	字幕+画面	叠化	
8	（行走）肖鹏：你一定知道你要什么，尽早知道	字幕+画面	切换	
9	（中景）肖鹏：然后尽全力去追，全力去实现	字幕+画面	叠化	
10	（研究雕塑）徐冰：你做的事情要有创造力	字幕+画面	切换	
11	（拉开窗帘）徐冰：最好是别人没有做过的事情	字幕+画面	叠化	
12	（戏剧化妆）张军：我不要安稳	字幕+画面	切换	
13	（演出前调整）张军：我不要平凡	字幕+画面	叠化	
14	（行走）周云蓬：放弃那些所谓的安全，所谓的保险，你获得自由，然后你的生活会更开阔	字幕+画面	叠化	
15	（凝视窗外）王克勤：碰得头破血流，也要坚持走到最后	字幕+画面	叠化	
16	（眺望开发楼盘）潘石屹：变化才刚刚开始	字幕+画面	切换	
17	（采访）潘石屹：对所有的年轻人来说，还有一个非常广阔甚至无限的舞台	字幕+画面	切换	
18	（行走背影）潘石屹：等着我们去表演	字幕+画面	叠化	
19	（行走）张颖：我就像一支小小的蜡烛一样	字幕+画面	切换	
20	（车内）张颖：在黑暗中这一点光亮是很重要的	字幕+画面	叠化	
21	（跳上岩石）黄豆豆：每一个过程就是你在探索、你在追求、你在寻找自己	字幕+画面	叠化	
22	（整理服装）王一扬：人要痛痛快快地活一把，这个最重要	字幕+画面	叠化	
23	（戏曲表演片段）张军：让自己最美好的梦想在舞台上全部绽放出来	字幕+画面	叠化	
24	（骑马前行）赵中：坚持下去你也能够成为英雄	字幕+画面	叠化	
25	（所有片中人物前行画面）画外音：一直往前走，直到成功	画面+字幕	切换	
26	（片尾）语路	字幕	叠化	

《语路》纪录片的预告片将每个人物的“梦想”用一句话提炼出来，浓缩成为具有强有力梦想与“正能量”的短片。正如“语路”官方博客发布的博文一样——一段话，激励一代人。也正是这12部短片掀起了讨论关于“梦想”与“行走”的话题的高潮，为其后推出的“语路”问行动从先锋到平凡，从记录到推动梦想前行作了铺垫。

图1　《语路》纪录片截图

第四阶段：媒体投放，持续传播

在2011年1月6日《语路》纪录片所有短片正式公映的同时，尊尼获加在网络平台上还上传了对“语路”计划导演团队的梦想访谈，进一步增强了短片的感染力。同时，除网络媒体外，还在电视媒体投放推广。1月13日起，贾樟柯执导的潘石屹的纪录片作为30秒电视广告片在全国各大主流电视媒体播放。在每一则短片的片尾都有关于“语路”计划的网址链接，并且在各大网站直接进行广告推广，如FLASH广告等。春节过后，“语路”计划通过尊尼获加官方网站和官方博客发出邀请，让参与者写一句话给自己，借品牌互动活动主页面和新浪微博的网友进行互动，激发一代人对于梦想的思考。

2. 2011“语路”问行动

他们是梦想不凡，行动不止，勇于挑战自我的年轻人。他们是一路向前，始终激励自己的行动派。如果你也想参与，就请从一个问开始。问，让人思考，让人追寻，让人改变；问，是最好的答案；问，是前行的动力。每一问推动每一步。——“语路”问行动

“语路”问行动是尊尼获加在2010年成功发起的“语路”计划的延续。“语路”计划激发了一代人对于梦想的再思考，而“语路”问行动则是在“谈梦想”基础上的向前迈进。“语路”问行动呼吁每个人认真思索一个能推动自己人生前行的关键问题，由此激发并制订能让自己为之奋斗的行动计划。梦想从来不少，行动才是力量！为此，尊尼获加创立“尊尼获加永远向前基金”，在“语路”问行动中甄选出优秀的方案，让创意、艺术、文学、公益等不同梦想的坚持者有机会获得资助，希望以此挖掘6位最佳梦想实践家，用他们的榜样力量开启一代人永远向前的全新人生。

第一阶段：借力“语路”，以“问”延续

2011年12月21日，尊尼获加在上海举办新闻发布会，正式宣布“语路”问行动项目启动。“语路”问行动邀请了陈坤作为活动代言人，贾樟柯导演作为去年“语路”计划的参与者和推动者再次加盟，创作监制陈坤“语路”问行动的纪录片。这无疑是承前启后，借力“语路”计划积累的正面能量与良好反应，让“语路”计划的精髓在此次的“语路”问行动中得到传承与升华。

另外，在新闻发布会现场，陈坤和知名评审团齐聚一堂，共同就“梦想”、“问题”、“行动”等话题展开深入探讨，他们的“问题”和故事对于走在实现梦想道路上的人们无疑又是一次激励。

第二阶段：全民参与，助力梦想

“语路”问行动与“语路”计划最大的不同点在于，微电影的主角从行业先锋转向了需要梦想助力的普通人。尊尼获加在世界很多地区设立了以“激励进取精神”为宗旨的基金和项目，支持由个人规划的具有社会公益推动力，个人进取、创新精神，同时具有可执行性、可持续性的项目。2011年尊尼获加将这一计划植入中国，成立了“永远向前基金”，第一期计划在3年内总计投入1 000万元，助力从“语路”问行动中甄选出的梦想行动。

“语路”问行动联手各大网络平台，打造规模盛大的梦想行动计划甄选活动。参与者通过土豆、网易、优酷、天涯论坛和尊尼获加新浪官方微博提出一个可推动自己前行的关键问题，制订并提交相应的行动计划即可参与到尊尼获加“语路”问行动中来。通过网友公开票选及各媒体平台评审，甄选出各媒体平台排名第一的参与者以及由“永远向前基金”选出的参与者，共同组成30强。开放式平台、低门槛可以让更多的公众参与其中。30 强将按各知名评审评出的“综合平均分”排序，由高至低甄选出 6 个项目成为 2011 年度尊尼获加“永远向前基金”的入选项目。由文化名人路金波、《新周刊》社长孙冕、调查记者王克勤、著名音乐人张亚东和新锐服装设计师吉承组成强大的评审阵容，这五位来自不同领域的权威人士将全程参与并激励更多人投身到行动中来，在行动和精神层面给予参与者指导和点评，帮助他们克服困难。类似“选秀”的活动形式，让民众可以参与各个环节。

第三阶段：承上启下，精神延续

该阶段的梦想行动延续了“语路”计划以微电影为呈现形式的做法。“语路”问行动有“问影像”——全民梦想、“30 强问行动”——选出 30 强、“6 位梦想实践家”——最后选出的“永远向前基金”梦想支持者，并且尊尼获加将“6 位梦想实践家”的实践行动提升为 2012 年尊尼获加的品牌文化营销活动的第三阶段——“六强进步行动”。这样，尊尼获加的品牌精神与品牌形象得以一如既往地延续。

3. 2012“六强进步行动”

他们已经迈出全新一步，围观梦想不如成为他们的一部分。——“六强进步行动”

尊尼获加 2012 年“六强进步行动”是“语路”问行动最后选出的 6 位梦想实践家在“永远向前基金”的支持下实践梦想的行动。他们的梦想行动梳理如下：

表 3　6 位梦想实践家的梦想行动

梦想实践家	梦想行动	类别
叶组艺	孤寡老人故事图片展。骑辆摩的，带上设备，前往中国乡村，去采访、拍摄老人，并用文字在网上全程记录，借此向社会筹集资金，成立乡村老人基金会，帮助农村老人。	公益类
严嘉庆	重生民族音乐。尽可能地用我的方式去保留少数民族的音乐，因为我不愿看到这些能证明中国人血统的宝贝无声消逝，我梦想将它们送到音乐人手上和送进博物馆。	艺术类

（续上表）

梦想实践家	梦想行动	类别
万周迎	盲人太极拳。视障人士看不到光明，但是身体可以感受光明和温暖。太极能点亮黑暗的世界，只要心灵是光明的。计划前三年每年培训盲人太极，帮助他们参加比赛和进行文化交流，丰富他们的物质和精神生活。	公益类
胡依林	创意造鞋。我相信我可以让世界知道我的“中国创造”。我将成立品牌 UNITED. T，第一年时间全力投入设计，批量生产自己创新的纳米鞋，接着用 2 年时间进行市场推广和品牌发展。	综合类
衡新	轮椅上的冠军梦。谁说残疾人的世界里就没有真正的强者和冠军？我就是要用乒乓球让更多的身残志坚的孩子成为奥运冠军、人生强者，过去 12 年来我始终在坚持，从未想放弃，事实证明我可以！	公益类
陈冈健	1.2 万个新心脏。一个先天性心脏病儿童的手术费平均只要 6 万块。计划建立心脏病儿童的长期救助会，聚拢救助力，让 1.2 万个新心脏重获生命。以严谨的流程和透明的平台让更多人参与进来。	公益类

在梦想行动中，梦想实践家主要还是在尊尼获加官方网站以及活动的官方博客上通过博文与关注者互动。在官方博客中，可以看到梦想行动的进度和下一步的计划。

4. 2013“超越行动”

帮梦想公之于世，你就会义无反顾。——“超越行动”

2013 年 1 月 29 日，尊尼获加正式启动了新一年的品牌活动——“超越行动”，旨在鼓励年轻一代，重燃跃进的勇气。相较于“问行动”，“超越行动”更注重用自我的超越计划来表达超越人生的决心。这一次的活动形式与“语路”问行动颇为类似，经过选拔将有两个超越计划获得尊尼获加“永远向前基金”的支持和帮助。

“超越行动”的活动代言人依旧由“语路”问行动的代言人陈坤担任，并拍摄了宣传短片。同时，马良和周智勇一同加入分享自己的超越故事。有意思的是，超越故事不再是单纯的文字与图片，而是利用 FLASH 动画描摹出一条曲折的前进道路，正如一段不断超越自己的旅程。

二、品牌精神的代言：品牌文化　面面相关

通过上文对于尊尼获加品牌形象整合营销全案的梳理，我们不难发现，这个方案以网络平台为主、电视媒介为辅，以“微电影”为主要形式。愈来愈多的人将“微电影”与“植入广告”相联系。然而在尊尼获加这个案例中，只在片头“本片由尊尼获加呈现”与片末“KEEP WALKING 尊尼获加”出现了品牌 LOGO，其他部分都没有出现任何商业信息，保持了纪录片在观感上的纯正与客观。这种“去植入化”提升了尊尼获加的品牌个性。

同时，值得一提的是，这全部外在形式的内核都是活动中所涉及的“人与他的精神”。换言之，在这个活动中，每一个出现的人物都与尊尼获加的品牌个性息息相关，相辅相成。这是这套方案中最大的亮点。

活动伊始，运用名人效应奠定活动调性。通过作家韩寒、导演贾樟柯以及被访者潘石屹等 12 位时代典型人物，抓住了目标客户群——年轻一代。纪录片虽短，却通过剪辑保持了他们追逐梦想的故事的连贯性，并且每一句话在其中都显得铿锵有力，他们身上所体现的精神通过《语路》纪录片上升为一种公共的精神资源。每一部短片都以人物的行走结束，片尾那一句简单的“KEEP WALKING”，让观众感触良多，尊尼获加的品牌精神自然地融入其中，为大众所接受。尊尼获加并不是要做第二个“感动中国”，它会令人感动，那是因为梦想的光芒。12 部短片，各行各业，总有一个，你会看到自己的缩影。

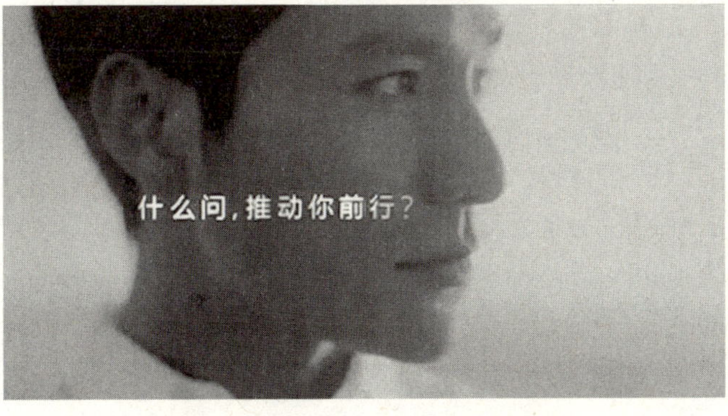

图 2　“语路”问行动宣传片截图

活动中期，让品牌调性贴近受众。或许有人认为与名人谈“梦想”是一件奢侈而不切实际的事情。尊尼获加创设“永远向前基金”，传播名人与普通人的故事。平凡人是最能打动人的代言人。也在此时，“一个前行者”、“永远向前”等已经成为受众对于尊尼获加的品牌认知。

三、品牌形象的树立：数字平台　调性统一

下面，我们不妨来探讨一下，为什么尊尼获加的“语路”计划能够获选2011艾菲奖整合营销传播类金奖。究其原因，其统一的传播策略，奠定了一致的品牌调性，让尊尼获加“永远向前”的品牌个性渗透到方方面面。

唐·舒尔茨在《整合行销传播》一书中曾经说过：“讯息与措辞的血肉——字面上的表现与视觉上的表现——非常重要，然而品牌的调性与个性也是同等重要。”“品牌个性的建立必须配合商品的品牌定位，符合消费者对品牌的认知与期望。”“如果你试图为品牌建立信任，那么每一种形式的传播工具，广告、标签、优待券等，在外观、文字及态度上也都必须令人信任。”①

尊尼获加这一点做得非常出彩。在视觉设计上，整个活动的官网以及微电影、FLASH动画的设计都以尊尼获加品牌的主色调——黑色与金色为主。整体画面协调统一，多处细节展现出尊尼获加作为奢侈品品牌的不俗质感与尊贵。

在品牌个性与视觉传达上，尊尼获加的商标与品牌精神“KEEP WALKING”相辅相成。尊尼获加的商标是1908年由著名的插图画家汤姆·布朗（Tom Browne）设计的。原来的商标是一个走路中的英国绅士，到了2000年，为使商品更国际化，尊尼获加把原来清晰的人像变成一个抽象形体——“行走的绅士”（Striding man），代表着尊尼获加对高品质的孜孜追求：一丝不苟的精神，永远不断的探索、前进的步伐……尊尼获加“永远向前”恰到好处地运用了新标识“行走的绅士”，结合标志着个人现实生活经历的旅途，为尊尼获加注入新的力量，展现其品牌魅力。

无论你是追梦一代还是梦想看客，都可能为尊尼获加“永远向前”的品牌精神所折服、所打动，因为这种能量是每一个有所追求的人所希冀

① ［美］唐·E. 舒尔茨等著. 整合行销传播——21世纪企业决胜关键［M］. 吴怡国等译. 北京：中国物价出版社，2002. 111.

的——这正是现今营销所追求的更高境界。尊尼获加新十年，无论利用的平台是什么，平台在哪里，只打“梦想”牌，其中环环相扣的传播策略无疑是聪明的做法。正如贾樟柯在“语路”计划中所说的那样，因为梦想，生命变得不同。而尊尼获加正因为梦想，让品牌变得不同。梦想有多重，品牌就有多重。

〈最佳数字整合营销案例之二〉

沙漠怪圈，悦动宝马

作为德国三个顶级汽车品牌之一的宝马，一直以来在中国市场上以“豪车”的形象示人。90 多年以来，宝马由最初的飞机引擎制造商发展成为今天以高级轿车为主导，并生产享誉全球的飞机引擎、摩托车和越野车的企业集团。[①] 宝马始终倡导驾驶的乐趣，其经营管理经验与营销策略成为众多企业津津乐道的典范。

宝马向来在营销上独树一帜，长久以来，宝马一直十分积极地参与各大摩托车赛事，其中最著名的当属 F1 方程式赛车。此外，宝马还参与“007”系列电影的拍摄，此举被视为植入性营销的经典案例之一。[②] 如果不是事情提前“败露”，宝马此次针对 1 系新车所做的“沙漠怪圈”事件营销活动势必会掀起更大的风头。宝马犹如拍摄商业片一样，融入了科幻、悬疑、推理等元素，借助于微博等新媒体平台，干净利落地将 1 系新车成功地介绍给消费者。宝马策划的这一活动，竟然吸引了报纸、电视等传统媒体纷纷报道，以至让政府出来辟谣。高明之外，也让我们见识到了一次成功的事件营销到底是怎么做成的。

图 1　宝马 1 系汽车

① 百度百科——宝马，http：//baike. baidu. com/view/2450. html.

② 维基百科——宝马，http：//zh. wikipedia. org/wiki/BMW.

1. @摄影ER：一条微博引发的争论

最初引爆话题的是新浪微博上一个名为“@摄影ER”的用户。如今再回过头去看“@摄影ER”的微博，已经很久没有更新了，最后更新的时间停留在2012年2月20日。就在这一页的内容中，仍然可以轻松地找到当初那条引爆全城的微博。再看看底下的评论，时间定格在2012年7月，说明这件事情已经逐渐淡出公众的视野。也许“@摄影ER”这个用户是宝马“养”了很久，蓄谋用来“致命一击”的。

图2　“@摄影ER”的新浪微博页面

时间退回到2011年8月17日，一位新浪微博资料认证为“摄影师”的用户“@摄影ER”，在微博上发布了一条信息。这条信息的内容本身在每天数以亿计的微博中不足为奇，但是随着转发和评论的人越来越多，这条微博迅速成为新浪微博上的热门话题。

“距离西宁开车3小时左右的戈壁上发现巨型怪圈！圆环和线条都十分规整且精确对称，沟壑很深，目测3—5cm。司机邹师傅说上周还没有出现，当身处这个巨大怪圈之内的时候，那种感觉实在难于用语言表达，这样的现象唯一可以接受的解释就是外星人所为!!”[①]很多人后来在评论宝马这次营销活动的第一条微博时，用的一个词语是“匪夷所思”。事实上，如果我们对微博内容进行分析之后就会发现，有关外星人、神秘麦圈等新闻并不少见。匪夷所思的主要原因在于宝马后来的一连串动作，不但在短时间内引来了外星人爱好者们的关注，还联合了传统媒体，把这条微博的

① 新浪微博——@摄影ER，http：//weibo.com/sheyinger.

神秘感加以放大，一时成为热点。

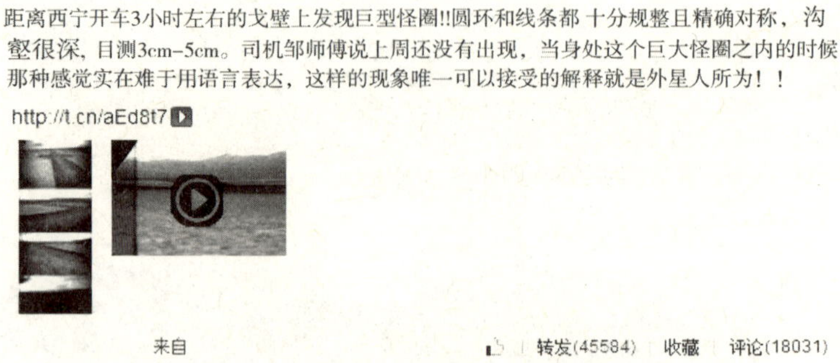

图 3　“@ 摄影 ER”引爆话题的微博

微博发布之后，一开始并未掀起轩然大波。但宝马此时“挺身而出”，适时地上传了一段视频。该视频是把摄像头放在一辆汽车内对外拍摄的，还原了沙漠怪圈。由于有图辅证，该消息如野火般迅速蔓延开来。

开始的一周，消息还只是在社交网络中传播，媒体并没有介入。但是在 8 月 22 日，凤凰视频参与了进来，在其官方微博上发布：“青海‘沙漠怪圈’事件终于有媒体正面报道了，高空航拍让沙漠怪圈的谜团渐渐被揭开，其图案不但是规则的圆形，其中还有复杂对称的图案，十分规则的巨型图案不可能是人为短时间内制造，此怪圈比一般的‘麦田怪圈’要大很多，也更为壮观。目前怪圈事件还无法得到合理的解释。”①

凤凰视频的这段介绍煞有其事，还请来了专家以及目击者。通过这种类似新闻报道的方式，“沙漠怪圈”事件迅速成为热门话题。

① 新浪微博——@ 凤凰视频，http://weibo.com/u/1806128454.

图4　凤凰视频相关报道截图

此时，宝马稳坐中军帐，看准时机，将提前拍摄好的第二段视频“泄露”出来。更“绝”的是，宝马到此时仍未表露身份，发布第二段视频的微博用户仍是一个“外人”。第二段视频是一段时长为50秒的航拍视频，为了逼真，尽管出镜记者的名字和台词都是虚构的，但该出镜记者却是青海电视台经济生活频道的一名真正的记者，内容竟是一段完全仿真的新闻报道。

“宝马帮”的成员反应迅速及时。仅仅两分钟后，“@摄影ER”就转发了该条微博，并且直接将这一事件与外星人联系了起来：“除了外星人，这么精准的图形谁能画出来呢?”事件越来越趋于真实，两条微博短时间内即被转发高达10万次之多，数万人发表评论。网络上彻底热了，传统媒体也没有停止关注，几乎在同一时间，传统媒体开始推出一系列的配合报道。

至于为什么是凤凰视频第一时间作出报道，现在已无从知晓。但可以确定的是，凤凰视频的报道犹如一剂催化剂，加上仿真的传统媒体的“煽风点火”，越来越多的媒体开始加入围观的行列。在注意力经济时代，赢得关注，就等于赢得效益。媒体的报道各式各样，一部分媒体仅仅是单纯地对网络上疯狂转载的情况进行报道，另一部分媒体则开始探究事实的真相，甚至怀疑是当地旅游局的炒作。鉴于此，青海省海西州委宣传部常务副部长杨东亮专程赶到现场进行查探。

逼真的事件开始引起网络大搜索，有人开始在网络上爆料，指认化名为吴珊珊的出镜记者的真实身份是青海电视台经济生活频道的艺清，其单位甚至责怪为什么不把这个消息及时报告台里。面对外界强大的压力，艺清无奈，在航拍视频出现后不到24小时擅自发微博澄清："该内容是5月15日某汽车品牌拍摄的广告。"

宝马万没有料到会有这一出，此举一下子打乱了宝马的营销节奏。于是，宝马不得不提前启动第三阶段的微博证言。这个阶段对宝马来说至关重要，这步棋下得好，就是满堂彩；下得不好，则有可能陷入欺骗消费者的不利局面。而宝马也迎来了此次营销的另一关卡——正面舆论引导。如果最后公众对此事的舆论演变贴上"坑爹"、"欺骗"等标签，那这次营销就彻底失败了。

接下来就是真正考验宝马的时候了。为扭转局势，宝马设计了两步动作。首先是宝马中国官方微博发布了这样一条消息："你是否和BMW 1系一样？崇尚自由，喜欢创新，独具一格；你总是希望用极具个性的行为来表达性格？这就是UN1QUE精神！和我们一起来看看今年1系的新玩法#沙漠怪圈#，相信你已经关注到这一神秘的事件，TA就是UFO（UN1QUE For One），One就是我们的1系，纯粹的UN1QUE精神的自我表达！"

微博发布的同时，第三段视频也浮出水面。画面中，一支年轻的队伍，驾驶着三辆宝马1系汽车，激情四射，一气呵成地完成了中国首个"麦田怪圈"的创举，从而将舆论引向了"创新"、"独具一格"等这些年轻人内心深处的诉求。

图5　宝马导演事件视频截图

与此同时，宝马精心准备的软文《不可思议？宝马导演“沙漠怪圈”事件》开始在平媒、门户网站、论坛同时发力。宝马不否认这是一次营销事件，并积极地将大众的视野引向事件的创意点。在信息爆炸的背景下，创意是珍贵的。“您也许见过太多千篇一律的汽车营销广告，但宝马这次有个性的病毒营销着实富有想象力、让人眼前一亮。”这篇软文进一步将舆论向正面引导。在整个事件水落石出、真相大白时，大部分的网友纷纷称赞宝马此次的营销活动。而宝马1系新车也被成功地推向市场，宝马又成就了一次营销经典。

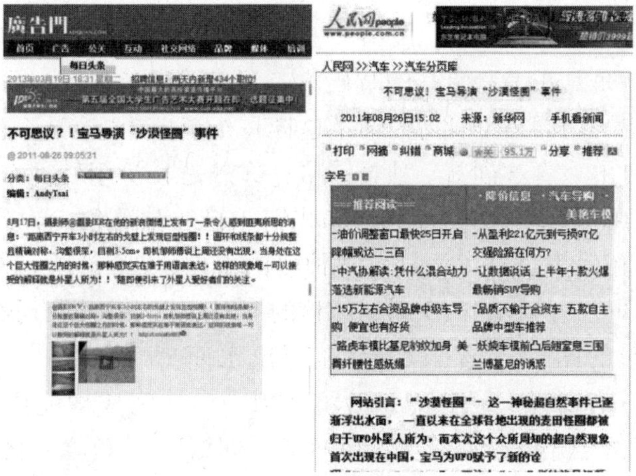

图6　相关软文网页截图

2. “沙漠怪圈”的成功之路

大公司在广告宣传上通常都是大手笔投入。但在今天信息极度碎片化的情况下，想要抓住大众的注意力，仅仅靠砸钱是不够的。以前，我们借助传统媒体，辅以生硬的广告，试图向大众灌输一种理念。随着网络的蓬勃发展，普通大众有机会接触更多的信息，以往的营销手法在新媒体上并不适用。在新媒体环境下，目前被大家认可的一种营销方式是所谓的病毒式营销。事实上，病毒式营销并不算一种营销方式，只是一种营销形态。营销方式诸如广告、公关、人员等都会在病毒式营销中有所涉及。说它是一种形态，是因为它的传播路径非常特殊。得益于网络应用的多样性，网络营销活动一旦引起关注，就会在各种应用中广泛传播开来。诚如平常所见的病毒一样，四处蔓延。

图 7 宝马中国新浪官方微博

回顾一下“沙漠怪圈”事件的整个过程，或许我们可以得到些许启示。

宝马中国电子行销部高级经理解卫国在接受网易采访时透露：“不得不说，当初提出这一策划案时我们很担心会被毙掉。”很显然，一次成功的病毒营销，就是一次鲜花与板砖齐飞的过程。争议不可避免地存在，尤其是这样一个天马行空的想法。不过，意外的是，宝马中国管理层在看到该策划案后只说了一句“还能再 Crazy 一些吗?”这也印证了一句话，敢想敢做恰恰是一个病毒营销成功的前提与关键。

不管是微博、视频还是后来的软文，“沙漠怪圈”事件看起来都很简单。简单的事，却往往是最难做的。整个策划从提出创意到执行大概耗费了 9 个月的时间。在一次头脑风暴中，有人提出麦田怪圈这个话题，大家都很心动，讨论后发现这里面的确大有文章可做。

一个话题要引起关注，必须具有新颖、奇特等要素，麦田怪圈正具备这些要素。首先，从话题关注度上，麦田怪圈或者沙漠怪圈从未在中国出现过，与之相关的外星人话题又具有很强的神秘感。

其次，目前全球出现的沙漠怪圈大多以对称的规则图案呈现，如果拿汽车来充当画笔，对精准度的要求极高，而这一点又恰恰与宝马 1 系本身的产品特性非常契合。宝马 1 系是竞品中唯一一款后驱车型，操控性强可以说是这款车最大的卖点。

最后，宝马 1 系的受众大多是喜欢上网，喜欢新奇、炫酷的年轻人，这与目标受众的行为方式也很吻合。

当然，该话题本身就带有风险与争议，尤其在前期就已经尽量往外星人、UFO 事件上去引导，最后网友发现这其实是宝马的一个广告，是否会产生“坑爹”的骂声？这些风险都是需要考虑到的。必须了解的一个前提是，不管营销活动做得多么完美，你仍然无法取悦所有的受众。受众是潜在的消费者，你不可能让所有的受众都变成产品的消费者。如果一次营销活动能赢得超过一半的支持率，就已经很成功了。而事实证明，“沙漠怪圈”事件在真相最终被揭开后，除一部分 UFO 爱好者认为自己被欺骗外，有 70% ~80% 的网友还是认为这是一个大胆、好玩、超 COOL 的营销事件。当然，宝马 1 系追求个性、特立独行的品牌内涵也得到了广泛传播。

3．事件营销需要这么玩

得益于事件营销投入低、反响大，越来越多的品牌开始关注事件营销。事件营销始于 20 世纪初，现在已经成为企业扩大知名度的重要公关手段之一。在网络时代，事件营销又有了新的变动。植根于网络的事件营销，凭借着新媒体的蓬勃发展，帮助企业通过网络平台精心策划与实施，引发话题讨论，促使媒体和公众自发地去传播相关信息，使之成为舆论热点，并帮助企业达到品牌传播的目的。网络事件将营销从线下转移到线上，不仅加强了大众与企业之间的联系，提高了企业的知名度与美誉度，还帮助企业达到宣传品牌与促销商品的目的。①

事件营销，本质上就是造势。造势有两种方式，借势与造势。借势，主要是指借助于当前社会发生的新闻事件，结合产品的特点，策划事件，造成轰动效应，从而达到品牌传播的目的。造势，就是企业有目的地去举办活动，制造事件，再通过大众传播媒介的报道，引起社会大众或特定对象的注意，造成对自己有利的声势，达到为企业扬名的目的，进而提高品牌知名度，在公众中建立良好的企业形象，以及改变那些对企业不友善的态度或者不利于企业的看法。②

在此次宝马“沙漠怪圈”事件中，宝马就属于造势的一方。当然，微博的传播力量再强大，也只是一种工具，与事件的结合才是宝马此次营销获得成功的关键。宝马以出色的创意为基础，利用微博平台，并综合使用多种营销手段，最终达到品牌营销的目的。

4．微博“四两拨千斤”

宝马的这个营销案例，创意引爆点就定在“沙漠怪圈”，但是要选择哪些媒体？像汽车这种高端产品，一般选择的都是报刊等成熟精英人士阅读的媒体。但仔细分析一下宝马 1 系的产品特点，可以从中挖掘出这款车

---

① 骆靖，宋倩，王笑楠．网络环境下事件营销策略浅析［J］．企业导报，2012（7）：101．

② 张杨．网络事件营销研究［D］．黑龙江大学硕士学位论文，2011．29 ~35．

型目标受众的特点。

这也就是我们通常所说的营销活动中的第一步——定位。宝马1系的受众群不再局限在事业有成的中年人士，活力四射的年轻人也是宝马1系的潜在客户。随着生活水平的提高，丰厚收益不再是中年人的专利，许多年轻人通过自己的努力，也逐步具备了购买宝马这类高端汽车的能力。

但年轻人的媒介接触习惯已经发生了巨大的变化。如果你问一个年轻人，平常都是通过什么渠道看新闻，得到的答案十之八九是网络。网络改变了年轻人的媒介接触习惯，伴随而来的就是各种网络营销方式。从邮件营销到博客营销，网络营销已经成为营销阵营中的主力军。

网络上的营销渠道虽多，但要找到最适合年轻人口味的并不容易。最近两年，如果要说最火的网络应用，肯定是微博。微博，衍生于国外Twitter，却大有青出于蓝而胜于蓝的态势。以新浪微博为代表的中国微博阵营，得益于国内庞大的用户群，成为网络人气最佳聚集地。正是看到了微博强大的“粉丝”号召力，众多品牌不但纷纷开通了自己的官方微博，而且各显神通，尝试用各种新颖的方式，抓住大众的眼球。

微博确实是一个高效的传播平台，但是如果通过官方微博进行营销，便会打上品牌的烙印，对于受众来说，如果知道接触的内容是广告宣传，那么大部分人还是会带有一点审慎心理。妙就妙在，宝马的策划团队绕开了官方微博，特地养了一匹“小狼”。

在新浪微博上，“@摄影ER”的认证资料只有“新浪名博”四个字，我们甚至很难知道他具体是做什么工作的。虽然我们无法猜透他的来头，但他的野心我们却清晰明了。前期通过摄影作品，他一方面聚集人气，另一方面不断强化“@摄影ER”的专业身份。长时间的暗示，使大众认准了这是一个有着高水平摄影技术的人，他不但游历广泛，而且审美水平极高。宝马这一步棋走得不可谓不用心良苦，其高瞻远瞩的策划令人拍案叫绝。营销可能只是几分钟的呈现，但背后渗透着策划人的智慧与谋略。宝马将一个用户号步步经营，抓准时机来个点射，这也给营销人员一个启发：如果真要做好微博营销，养一个好用户号是第一步。

当然，“@摄影ER”的一系列动作都带有引导性质，其不断强化事件的真实性，不断引发讨论。另外，不得不提的就是宝马“养”的另一个用户号“@吴珊珊”，这虽然不是宝马的“亲生仔”，但它在这件事中的作用却非常关键。“@吴珊珊”的主人是青海电视台经济生活频道的一名记者，以出镜记者的身份对“沙漠怪圈”进行报道。这一步棋，宝马同样下得很妙。为什么他们寻求合作的是青海电视台的记者呢?

首先，通常一个事件如果只局限在网络媒体上进行传播，受众对于其真实性就会存有很大的疑惑。如果是传统媒体，特别是官方媒体进行报道，受众的信任度就会提高。网络上的事件大多属于“灌水”性质，只有传统媒体加入之后，才会使之成为社会公共问题。

其次，青海地方媒体的知名度相对来说没有那么高。估计宝马也考虑到了这一点，如果是由类似于央视这样的大型媒体来进行报道，事件可能真的会变得比较严重。如果把控不好，很有可能对自己造成致命伤害。而一些名气相对较小的媒体，一旦出现不利的情况，也比较好把握。如果不是“@吴珊珊”自己坚守不住，事件的反响可能更大。

尽管微博内容推送是宝马亲力亲为的，但是凤凰视频等媒体的加入促成了媒体讨论热点。新媒体打破了传统媒体的单向传播模式，使得传播具有了共享与双向的特点，技术的改进又使得信息的传播更加快速与广泛。此次宝马策划的事件营销，不同于以往的事件营销，传统媒体不再是主动者，而是品牌通过新媒体占据主动，并引导传统媒体也为自己服务。

微博的特性就是病毒式裂变，消息一经转发，便有可能形成巨大的传播效应。目前，微博用户近3亿，且用户大多具有一定的知识水平，其中不乏粉丝数量庞大的意见领袖。足够的受众基础，是此次宝马事件营销效果的一种保障。

在营销中，宝马通过阶段性地放出一些猛料，挑动大众的神经。微博用户既可以转发，也可以评论，甚至可以亲自参与事件的传播，这种互动性也使得营销具有丰富的联想和情感共鸣。宝马通过文字、视频、图片、声音等多种手段，充分调动了受众的积极性。

5. 传统媒体公信力依旧稳固

宝马为此次活动拟订了详细的计划，从它后来扭转局势的那一篇软文就可以看出来。宝马将所有的情况都考虑到了，我们很想知道，如果事情没有引起这么大的反响，宝马是不是还准备了另外一篇文章。但仅从宝马向媒体发出这篇通稿的速度与内容上看，宝马确实是营销高手。《不可思议？宝马导演“沙漠怪圈”事件》，文章毫不避讳宝马对事件的策划与炒作，虽没有明说，但诚恳的态度还是赢得了大众的认可。宝马在文章中将不利的一面导向了营销事件的合理性，在大众恍然大悟之后，也收获了一致好评。

宝马的媒体公关做得也非常出色，它没有回避媒体的讨论，即便是批评性质的。宝马任由他们去发挥，因为宝马知道，媒体讨论越热烈，宝马这个品牌就会越引人注意。宝马肯定也准备了另外的方案，因为一旦媒体纷纷偏向谴责一面，宝马就有可能陷入危机，所以必须有一套危机应对方案。

当然，宝马一开始是想由自己来牵引传统媒体的，因此他们找来了青海电视台的记者。宝马最初的想法是由这名记者以不署名的方式，将“沙漠怪圈”事件做成一档新闻播出。不过，官方电视台是不太可能播出这种未经证实的消息的。所以，新闻最终还是在微博平台上播出。不过，以出镜记者的方式来报道这个事件，还是让很多人误以为这件事是真实的。随着这名记者的身份被网友搜索出来，青海电视台也发表声明，将严肃处理这名记者。该记者也出于压力，不得不打乱其安排，提前将事情的真相暴露出来。但是，从整个过程看，传统媒体的表现基本上还是比较平稳的，没有太过激烈的抨击。

6. 100 万元 =1 000 万元？

宝马此次的事件营销，除了使用几台汽车奔赴沙漠之外，几乎没有其他费用。没有了昂贵的广告宣传费用，使得“沙漠怪圈”事件的策划和实施轻松摆脱预算束缚。营销大师李光斗说，一台电脑，一台网络交换机，这就是发起一个事件所需的基础成本。网络事件营销最重要的就是病毒性，即使你没有意愿，也可能在不经意间留意过它。

李光斗还说：一个好的营销传播能引发消费者参与，为企业主动进行传播。传统的单项硬性营销传播已经让消费者觉得疲惫和乏味，网络时代的到来，使人们的信息交流方式和消费行为模式都发生了颠覆性的变化。①

宝马只是用了一次噱头，夸张地说是“兵不血刃”，不费粮草就攻城略地，着实高明。也许宝马的雄心不止于此，还会有更多的精彩在等着我们。

---

① 李光斗. 事件营销：让100 万广告费看起来像1 000 万［J］. 光彩，2012（7）：42 ~43.

〈最佳微博营销案例之一〉

杜蕾斯新浪官方微博的传播力策略

一、杜蕾斯新浪官方微博的背景

1. 杜蕾斯简介

杜蕾斯品牌1929年诞生于英国，2010年被利洁时集团收购。经过80多年的经营，杜蕾斯已经覆盖超过150个国家，占据世界40亿安全套市场份额的26%，在40多个国家的同类市场中处于领军地位。[①] 青岛伦敦杜蕾斯有限公司于1998年创立，以中外合资的形式专供产品给中国市场。目前在国内，杜蕾斯仍旧处于领军地位，占据30%的市场份额。[②]

由于国家政策对安全套类产品宣传的严格限制以及杜蕾斯对中国传统思想的考虑，杜蕾斯一贯的品牌形象都非常严肃：杜蕾斯是世界第一的安全套品牌，产品非常安全、可靠；杜蕾斯倡导科学健康的性行为，为人们的安全性生活作出最大的努力，为中国的计划生育和防止性病传播工作不遗余力……[③]

2. 杜蕾斯新浪官方微博的简介

在社交媒体出现之前，国家对于安全套类产品的媒体投放限制很严格，所以一直以来，杜蕾斯很难通过电视、杂志、户外等媒体进行品牌传播。

杜蕾斯于2011年2月开通新浪官方微博。一开始，杜蕾斯新浪官方微博的形象定位于"宅男"，以传播性知识为主要内容，同时转发一些与产品相关的话题；之后逐渐变成一个"有一点绅士，有一点坏，懂生活又很

① 百度百科．杜蕾斯．http：//baike. baidu. com/view/70458. htm.

② 杜蕾斯官网．杜蕾斯公司简介．http：//www. durex. com. cn/about－durex/durex－china/.

③ 搜搜百科．杜蕾斯．http：//baike. soso. com/h2643605. htm？sp＝l2643606.

会玩的人，就像夜店里的翩翩公子”①。杜蕾斯的官方微博内容囊括了新闻时事、网络热点、粉丝互动、恶搞短文、共鸣金句、企业联合、节日专题、诙谐互动等。这些内容可归纳成体验分享、促销活动、劲爆话题、产品信息四个方面。微博运营的三大目标是产品推广、关系维护和品牌传播。截至 2013 年 4 月，杜蕾斯新浪官方微博的粉丝量已经达到了 75 万。

二、近两年的成功营销案例

1. 关键词营销

（1）作业本“怀孕”事件：盯大号 + 锁定关键词。

杜蕾斯官方微博运营的一个重点在于“盯大号”，就是说重点关注拥有大量粉丝的大号微博，随时关注大号微博的动态，并及时与其互动。由于微博信息的数量巨大，并且更新极快，所以杜蕾斯的“盯大号”主要是集中在几个与杜蕾斯产品相关的关键词，比如说怀孕。

作业本“怀孕”事件就是在这样的运营方式下产生的。“@ 作业本”是新浪微博上有名的草根大号。在 2011 年 4 月 12 号的晚上 10：08，“@ 作业本”发表了一条内容为“今晚一点前睡觉的人，怀孕”的微博。十分钟后，杜蕾斯官方微博转发了这条微博，并且评论说“有我，没事”。然后通过个人微博用户号（俗称“马甲”），与杜蕾斯官方微博进行调侃、互动，使这条微博热起来，以获得网友的关注。

杜蕾斯官方微博炒热了“@ 作业本”的这条微博，杜蕾斯不仅收获了网友的关注，而且使“@ 作业本”随性写出的微博与杜蕾斯产品联系了起来，仅仅一次转发，“@ 作业本”的粉丝变成了杜蕾斯的宣传者，并且每一次转发便形成了一次一对多的传播。当天这条微博的转发量就达 322 次，“@ 作业本”原微博的转发量达到了 5 172 次。

---

① 杜惠清. 杜蕾斯：数字就是机会［J］. 国际公关，2012（1）：56～57.

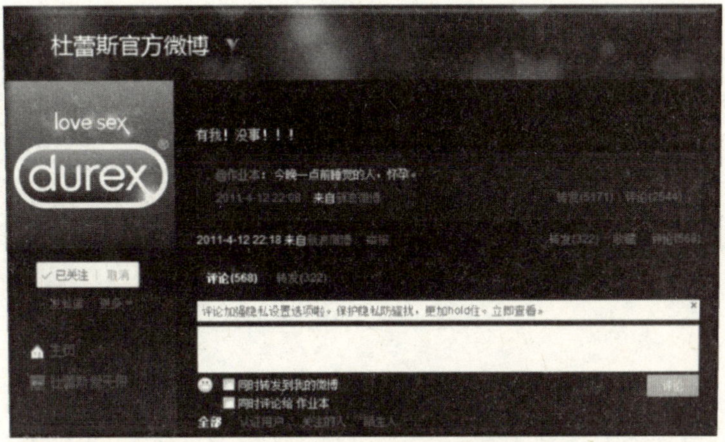

图 1　作业本“怀孕”事件

从作业本“怀孕”事件中，我们可以看到杜蕾斯官方微博运营的一种模式是：盯大号＋锁定关键词。盯大号的目的在于大号拥有大量的活跃粉丝，通过与大号的互动创造了杜蕾斯与大号粉丝的接触点。杜蕾斯的营销具有整体性，通过设定几个相关的关键词，就这几个关键词的话题与大号进行互动，风格诙谐、活泼。盯大号为杜蕾斯与目标消费者提供了接触点，锁定关键词为杜蕾斯与目标消费者互动提供了交流内容。

（2）私奔体：在热点微博中锁定关键词。

2011 年 5 月 16 日，一对情侣把私奔的消息“各位亲友，各位同事，我放弃一切，和王琴私奔了。感谢大家多年的关怀和帮助，祝大家幸福！没法面对大家的期盼和信任，也没法和大家解释，也不好意思，故不告而别。叩请宽恕！功权鞠躬”发到了微博上，短时间内该微博转发量高达 7 万多次，获得了微博用户的广泛关注，这条微博被网友们称为“私奔体”。

杜蕾斯敏锐地捕捉到了这一网络事件，第二天下午 17:40，杜蕾斯官方微博原创的一条微博“私奔需要 3 样东西：杜蕾斯、现金、一起私奔的他（她）。大家说呢～??”掀起了针对“私奔体”第二轮话题的讨论热潮。

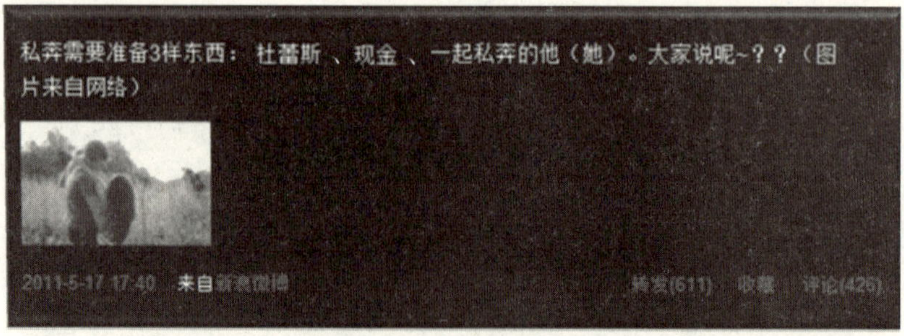

图2 “私奔体”事件

从这次的微博事件中，可以提炼出杜蕾斯的另一个运营模式，就是在热点微博中锁定关键词。“私奔体”中，杜蕾斯捕捉到的关键词是“男女”、“私奔”和“幸福”。在热点微博中锁定关键词之后，杜蕾斯就顺应热点微博，通过调侃、回应、互动的方式将这些热点微博的内容与杜蕾斯联系起来。这一运营模式获得的效果主要是增加与微博用户的接触点。在微博上，每时每刻会更新大量的内容，而大部分内容是不会被微博用户认知到的。通过将热点微博和杜蕾斯联系在一起，可以增加杜蕾斯的媒体曝光率并加深用户对品牌的认知。

在AIDMA模式中，对产品的记忆和购买具有强正相关性，所以记忆的深度很大程度能够决定购买行为。基于艾宾浩斯遗忘曲线，遗忘从记忆之后就开始了，最初遗忘的速度很快，然后放缓。所以杜蕾斯必须定期给微博用户提供记忆内容，才能让微博用户对杜蕾斯产生长久的记忆。由此可见，通过与热点微博建立联系是让微博用户产生或加深记忆的一条捷径，也是微博营销中不可或缺的手段。

2. 雨夜“鞋套”事件：多用户号多步骤的联合运营模式

杜蕾斯的运营模式除了上述的“盯大号 + 锁定关键词”转发内容之外，也会自己发布话题，原创微博。2011年，全国各大城市都发生了特大暴雨，网络上各种调侃，比如说武汉“看海”、北京“牛逼”公交车……针对2011年6月23日北京爆发的特大暴雨，杜蕾斯想要借势炒起一个热点话题，这次杜蕾斯的“鞋套”事件运作分为四个步骤：

第一步，转发百合网的微博“【北京暴雨】世界上最浪漫的事情，是上班时陪你在办公室看海，下班陪你在地铁看瀑布”，并评论“好大的雨啊……北京也这样了……全国都看海，有个杜蕾斯小船是多么重要的事情啊~”。这条微博受到的关注并不多，只能算是日常量。但是微博中的“杜蕾斯小船”是个隐喻，这为后来的杜蕾斯“鞋套”事件提供了引子。

图3　雨夜“鞋套”事件第一步

第二步，由“马甲”用户号——“@地空捣蛋”发布微博“北京今日暴雨，幸亏包里还有两只杜蕾斯”，并附上将杜蕾斯变成鞋套的图片。杜蕾斯官方微博考虑到了杜蕾斯产品变成鞋套对品牌形象的影响，所以为了避免用户的反感情绪，其采取的是“马甲”发布的形式，然后由另一个“马甲”用户号转发并“@”杜蕾斯官方微博，再由杜蕾斯官方微博转发并评论“粉丝油菜花啊！大家赶紧学起来!！有杜蕾斯回家不湿鞋~”。

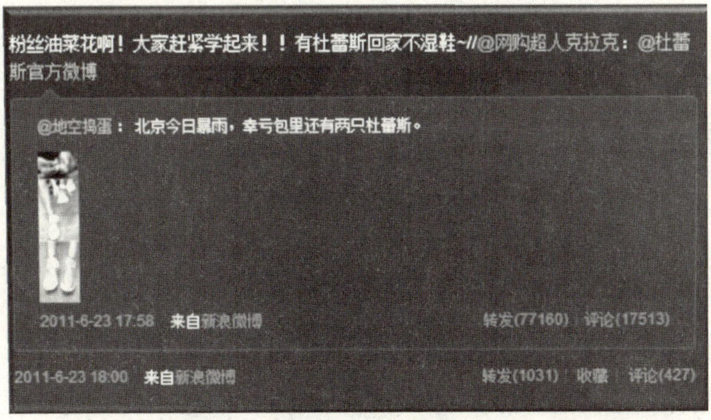

图4　雨夜“鞋套”事件第二步

第三步，由于图片中使用杜蕾斯“鞋套”的鞋子是凡客的鞋，所以在微博发出 47 分钟后，杜蕾斯想通过各个“马甲”用户号和凡客联合起来共同运营这个话题。但是凡客并没有接招，在寥寥回复之后便不再参与。凡客虽然并没有开放凡客的微博资源，但是仅仅几条回复也为杜蕾斯提供了一定的接触点，加快了该话题的传播速度。

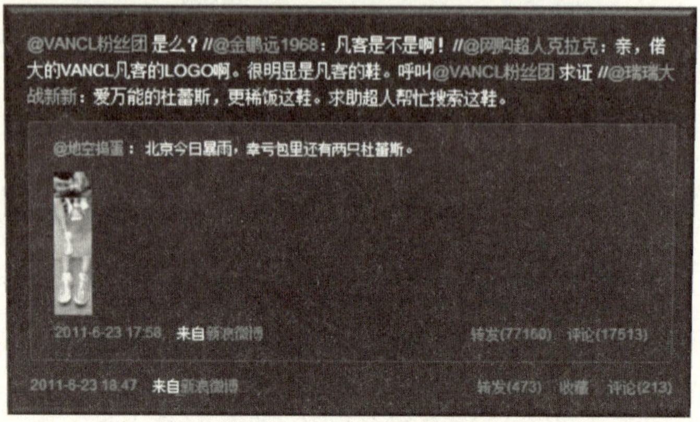

图 5　雨夜“鞋套”事件第三步

第四步，由杜蕾斯的“马甲”用户号“@超级克拉克”发布响应的微博“被大雨困住的兄弟姐妹们，克拉克来解救你们了”并转发“@”杜蕾斯官方微博，然后杜蕾斯官方微博在 2 分钟后进行转发并评论“这能拯救很多人了吧？希望他先去哪呢？”

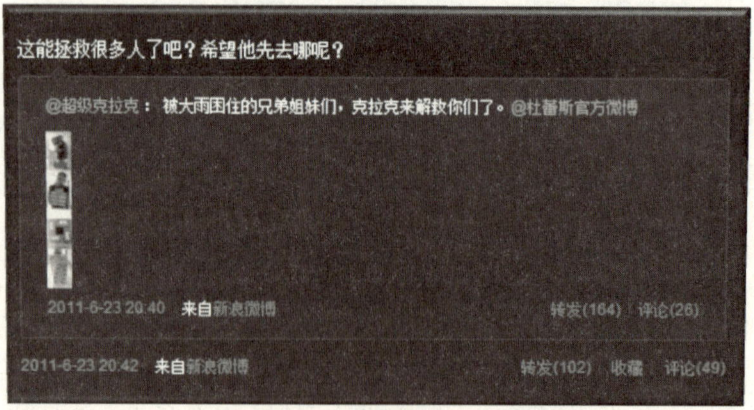

图 6　雨夜“鞋套”事件第四步

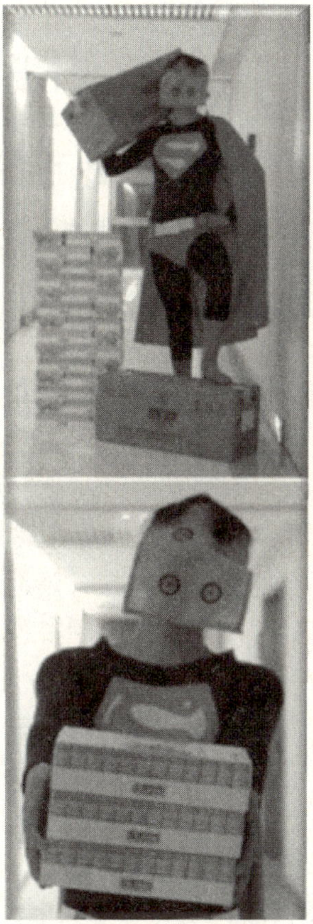

图 7　雨夜“鞋套”事件第四步（照片）

杜蕾斯“鞋套”事件中，其官方微博在转发杜蕾斯“鞋套”后一小时之内就获得了 29 536 次转发，第二个小时内获得 17 247 次转发，前六个小时共获得 81 611 次转发，累计获得惊人的 62 138 520 次曝光，在微博上的关注度仅低于“李娜夺冠”。截至当天的 24:00，这条微博转发量已经超过 5.8 万条，牢牢占据了 6 月 23 日新浪微博转发排行榜第一名。在 3 天内，转发超过了 9 万条，如果以传统媒体的传播到达率来比较，这次没花费一分钱的事件传播效果等于 CCTV 黄金时间点的 3 次 30 秒的广告到达效果。

从整个事件的转发情况，可以发现微博事件的传播特性是：事件发生时的传播效果类似于核聚变，一时间蕴含了巨大的传播力；但是随着时间的推移，传播力呈几何级数减小。

在微博营销中，要让传播力减小的速率降低，就必须在整个事件仍然具有巨大传播力的同时不断给予新的刺激，让一个微博事件变成一系列的微博事件。就像杜蕾斯的“鞋套”事件，杜蕾斯将这个话题策划为四个阶段，每个阶段将官方微博和多个“马甲”用户号结合起来，每个阶段提供新的话题刺激事件产生后续传播力，延长传播的时间，使参与的用户量和参与深度不断提高。

杜蕾斯“鞋套”事件的整体运营包括话题预演、话题发布、合作邀请和话题推广四个步骤，从发布时间来看，话题预演在17:37、话题发布在18:00、合作邀请在18:47、话题推广在20:42。此次事件的目标用户为下班的白领，所以整个话题的发布时间都设置在白领下班的高峰。通过前三个阶段的传播，不断增加后续的传播力，在前两个小时获得了46 783次转发，避免微博被大量的信息冲刷淡化，在目标传播时间内获得了成功。第四阶段的话题于20:42发布，事件已经发生了3个小时零5分钟，白领下班的高峰已经结束，杜蕾斯进行话题推广，是为了抓住最后的时间，形成最后一次的转发高峰。此后，杜蕾斯只对现有微博进行运营，不再发布相关话题。若此后再发布新的系列话题，可能会产生后续无力的状况。

由于微博用户的数字化媒介素养都比较高，都比较清楚网络营销的概念，所以杜蕾斯策划的事件不仅需要杜蕾斯官方微博，还需要大量的“马甲”用户号共同协作。在此次微博事件中，“马甲”用户号的作用主要体现在两个方面：首先是与杜蕾斯官方微博划分开来，在发布的话题可能影响杜蕾斯形象的时候使用“马甲”用户号发布，达到可进可退的效果；其次在于“去官方化”，尽量让整个事件去掉策划的痕迹，避免让用户产生逆反心理。

从杜蕾斯“鞋套”事件四个阶段的策划来看，微博事件都应该设定相应的目标受众，针对性和精确性必须非常明显。“鞋套”事件的目标受众是北京处于下班高峰的年轻白领。所以，整个事件策划的时间段为下午17:37到晚上20:42，这个时间的年轻白领处于下班高峰的回家途中。使用的“马甲”用户号属于这个目标受众群，合作邀请针对的是定位于“快时尚”的凡客诚品。

3. 活动营销——七夕情人节活动

由于杜蕾斯产品的属性，情人节是适合杜蕾斯做强推活动的时间。通过杜蕾斯在情人节的促销，可看出杜蕾斯微博营销的促销模式。

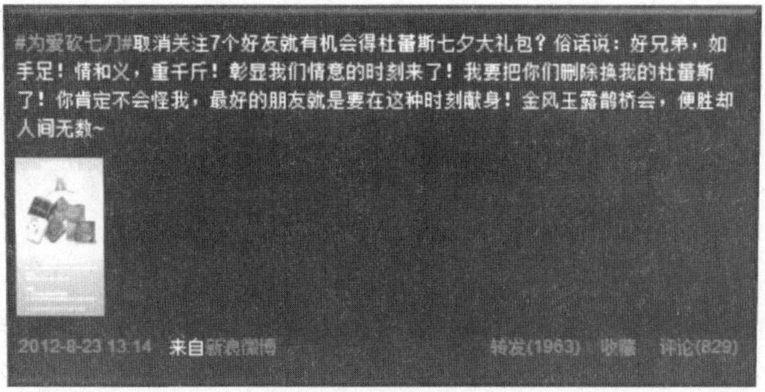

图8　情人节活动1

在2012年的七夕情人节，杜蕾斯发布了促销微博："取消关注7个好友就有机会得杜蕾斯七夕大礼包？俗话说：好兄弟，如手足！情和义，重千斤！彰显我们情意的时刻来了！我要把你们删除换我的杜蕾斯了！你肯定不会怪我，最好的朋友就是要在这种时刻献身！金风玉露鹊桥会，便胜却人间无数~。"这条微博源于一句俗语：兄弟如手足，女人如衣服。它在发布时进行了巧妙的替换，将兄弟等同于微博关注的好友，将女人替换成杜蕾斯。这条微博本身就具有争议性，利用微博内容本身所包含的两种观念，势必会造成微博用户自动站成两派。另外，简单操作就能使杜蕾斯产品获得促销，所以这条微博本身就具有极强的传播力和驱动力。

杜蕾斯官方微博策划的此次活动主要分成三部分：发布促销微博、推广微博、分5轮公布中奖名单。发布时间从七夕情人节当天的13:14一直持续到16:45。其中，最重要的是促销微博的发布。从杜蕾斯七夕促销微博中，可以归纳出促销微博从内容上需要满足以下条件：

（1）锁定促销对象。任何话语都针对于对话的对象，微博实现的是个人对多人的人际传播，在策划时需要明确对话的对象。根据对话对象的语言习惯、思考内容和行为轨迹设置促销内容和促销时间。微博促销的内容不仅仅是为了达到广而告之的目的，还希望能够与微博用户进行具有广度和深度的对话，所以促销微博本身应具有较强对话性，并且对话对象要明确。

（2）促销内容本身的两面性或多面性。上文已经提到微博促销的目的不仅是广而告之，还要与微博用户进行互动。微博内容本身应该具有多面性，才能够给不同观念的微博用户提供足够的谈资，微博才能够具有足够的传播力和传播强度，不会被大量的其他微博掩盖掉。一般来说，此类促销微博的运营需要通过一些“马甲”用户号来完成，一开始需要“马甲”用户号从不同角度来发表意见，激发微博用户主动发表意见，激活微博。

（3）语言风格轻松、诙谐，去官方化。微博促销不同于其他促销方式，微博内容必须体现人际传播的特性，避免高高在上的语言和姿态。

杜蕾斯七夕促销活动之所以要增加推广微博环节和将中奖名单分5轮发布，是由微博的特性决定的。微博内容更新太快，在进行促销活动时必须定时发布，尽量将其保持在微博用户的首页上，提高微博用户的认知度及增加接触频次。

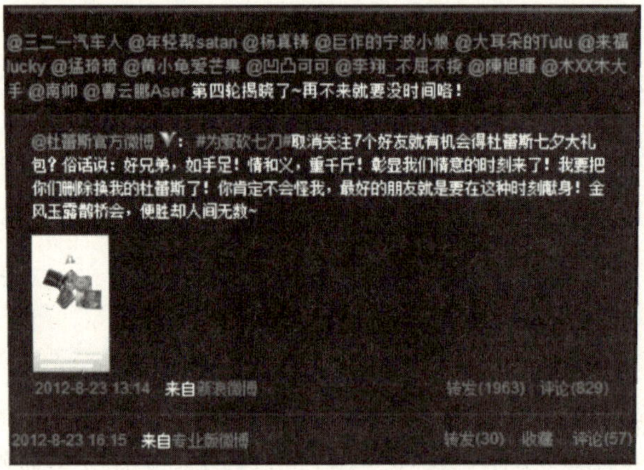

图9　情人节活动2

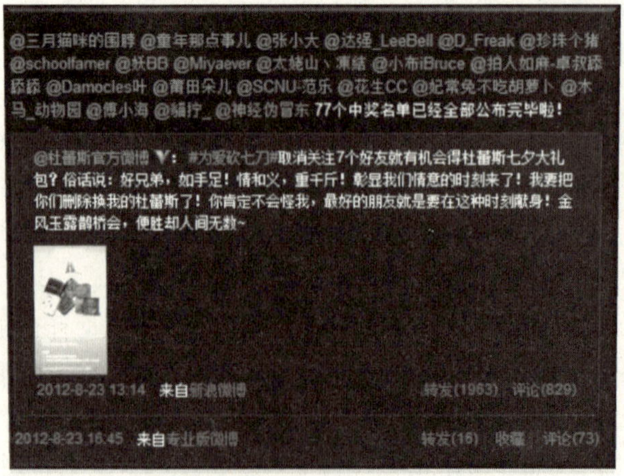

图10　情人节活动3

三、杜蕾斯的微博传播力和接触点策略

2012 年 7 月 19 日，中国互联网络信息中心（CNMC）在京发布《第 30 次中国互联网络发展状况统计报告》，截至 2012 年 6 月底，我国微博用户数达到 2.74 亿，较 2011 年底增长 9.5%，网民使用率为 50%，比 2011 年底增加 22 个百分点。其中，手机网民中的微博使用人数达 1.7 亿。这些数据进一步说明企业进行微博营销的必要性，大量的微博用户是企业进行微博营销的受众基础。在微博这个平台上，微博用户每时每刻都会生产大量的微博信息，企业微博和个人微博被设置成同样的优先级。大量的用户和随时更新的微博信息会造成企业微博被数据大潮冲掉，陷入面对庞大的活跃用户却无法实现微博营销的尴尬境地。

微博营销的运作模式被归纳成很多种类，主要包括：品牌及产品曝光模式、互动营销活动、电子商务及售后管理、在线客户服务、CRM 顾客/用户关系管理、广告形式、搜索引擎优化、植入式营销、舆情监测模式、危机公关。[①] 不管是通过微博来做品牌、做活动、做客服、做广告，还是进行危机公关、客户关系管理，首要解决的问题是传播力。企业微博只有制定了有效的传播力策略，才能谈微博营销的运作。

人们使用搜索引擎，或是浏览专业网站时，通常带有很强的目的性。但在浏览微博时，往往处于随意与不确定的状态。所以企业微博信息必须具备趣味性、显著性、接近性等基本特性，根据企业微博的定位必须从内容上与其他微博信息相区别。具体来说，企业微博传播力的塑造可通过接触点策略、运营策略和延伸策略来实现：企业微博营销和传播的最终落脚点在于企业微博与微博用户的接触点，接触点不仅能够影响营销效果，对微博的传播力也有深刻影响。

（1）根据目标受众的作息动向设置接触点。

不同的受众因为职业类型和生活方式的差异，他们的作息动向会有显著的差异。企业微博要想具有传播力，设置的接触点必须符合目标受众的作息动向。

杜蕾斯的雨夜“鞋套”事件中，微博制造的话题是杜蕾斯的产品可以作为鞋套，在暴雨中不会湿鞋。在该事件运营中，发布微博的时间分别是

---

① 张伊，王辉．浅析微博营销的商业价值及运作模式［J］．科技信息，2012（30）：489～491.

17:37、18:00、18:47和20:42，瞄准的是下班的高峰时段。北京暴雨事件具有地域性，杜蕾斯“鞋套”事件的目标受众是北京乘坐大众交通工具的白领。这些白领在等车和乘车的碎片时间内，微博使用率非常高，所以杜蕾斯选择下班高峰作为微博营销的时间接触点。杜蕾斯在运营该事件时，主话题发布选在18:00，根据目标受众的作息动向，保证在临近下班和下班途中覆盖目标受众。

（2）可利用Spider技术抓取关键词设置接触点。

在新浪微博中，利用Spider技术选取转发量和评论量多的话题，抓取跟企业微博定位、品牌形象等相关的关键词，通过与之互动，将该话题变成企业微博与目标受众的接触点。

杜蕾斯新浪官方微博并没有采取该技术，仅仅通过人工筛选，具有一定的偶然性。在作业本“怀孕”事件中，杜蕾斯锁定了作业本微博话题“今晚一点前睡觉的人，怀孕”中的关键词“怀孕”开始互动，仅此转发量就达到了322次。在杜蕾斯的“私奔体”话题发布中，同样是锁定了关键词“男女”、“幸福”、“私奔”。发布私奔消息的微博并不是大号，但是该微博话题在短时间内转发量高达7万多次，属于热门话题。

通过抓取热门微博中跟企业相关的关键词，并与大号互动、回应，能够为关注该热门话题的受众设置与企业微博互动的接触点。由于互动的相关性强，企业微博发布的信息更容易被受众认知。

〈最佳微博营销案例之二〉

@强生婴儿新妈帮　为母爱创造空间

自从三聚氰胺事件让奶粉遭遇信任危机后，母乳喂养迅速流行。不少职场妈妈上班时除了公文包里的文件，还有最重要的“背奶”工具：保温袋、自制冰袋、奶瓶等，奶胀时挤出来，下班后再把母乳背回家喂宝宝，网络上这类妈妈被称为“背奶族”。如今“背奶族”队伍日益壮大，而与之矛盾的是背奶空间的严重匮乏。作为中国妈妈的伙伴，强生婴儿想为这些伟大的母亲做些实事，切实改善其取奶困境。2012 年 7 月开始，强生婴儿以“小小空间　大大的爱”为主题，推出支持“背奶妈妈”行动，借助社会化传播平台，联合全社会的力量来支持和帮助“背奶妈妈”，强生婴儿“和妈妈一起，追求更好”的品牌形象也因此更加深入人心。

一、强生婴儿因爱而生

成立于 1886 年的强生（Johnson & Johnson），是世界上规模大、产品多元化的医疗卫生保健品及消费者护理产品公司，也是中国最大的外资制药有限公司。20 世纪 80 年代初，强生进入中国市场，多年来致力于回馈社会，通过发展公益事业来体现自身价值。比如，与中华红十字会合作，挽救更多的白血病患者；启动儿童安全项目，力图减少儿童意外伤害；定期举办社区精神卫生宣传；开展“百万家庭健康行”糖尿病患者慢跑活动等。

强生婴儿是强生公司全球知名的婴儿护理品牌。从建立之初起，强生就树立了这样的信条：“为了满足消费者的需求，我们所做的一切都必须是高质量的。”中国护理学会委托专业调研机构调研的数据显示，强生婴儿是医院渠道专业人士第一推荐品牌，是新妈妈可信赖的最专业的婴儿护理品牌。自 1992 年进入中国以来，强生婴儿在为中国家庭提供婴儿护理产品的同时，更致力于推广新生儿专业的健康护理知识和理念。1995 年首推婴儿抚触项目，2003 年首推导乐项目。自 2007 年将品牌理念换为“因爱而生”以后，借赞助奥运的契机，强生婴儿在全国范围内开展了一系列奥运主题的成功的营销传播活动[①]，并在 2008 年设立“为母亲喝彩”项目基金。此后，强生婴儿继续关注母亲，延续母爱，确立了“和妈妈一起，追求更好”的新理念。

二、强生婴儿：和妈妈一起，追求更好

“奶粉门”事件后，母乳喂养迅速流行。每年有 50% 以上的妈妈在生育后继续工作，她们把专业的吸奶、储奶器具带到单位，利用工作间隙完成吸奶、冷藏、保存等一系列流程，晚上把奶背回家给宝宝当第二天的“口粮”，因此被称为“背奶族”。这些年轻“背奶妈妈”们的行动口号是“人上班了，把最原汁原味的乳汁留给孩子”。

如今“背奶族”的队伍越来越壮大，正成为职场女性的新时尚。而与之矛盾的是背奶空间的严重匮乏。由于现在国内的母乳喂养观念过于陈旧，导致“背奶族”处境都比较尴尬，“背奶”环境普遍不理想。绝大多数企业并没有专门的哺乳室，“背奶妈妈”只能在办公室、储藏室、会议室或洗手间为宝宝准备口粮，不仅需要克服缺少私密空间的尴尬，更要默默地承受没有专用哺乳室而被频频打扰的无奈。恶劣的取奶环境使一部分人放弃了母乳喂养，而更多人选择默默坚持下去。

作为中国妈妈的伙伴，强生婴儿想为这些伟大的母亲做些实事，帮她们改善取奶困境。于是，强生婴儿决定发起一场关爱行动，联合全社会的力量来支持和帮助“背奶妈妈”。整个活动在社会化传播平台（新浪微博“@强生婴儿新妈帮”）上进行，分为“创造母爱 7 平方”和“让母爱从 7 平方蔓延”两个阶段，用公益化的广告内容呼唤真情，传递正能量。通过呼吁—申领—分享三部曲的整合营销传播活动，呼吁大家关注并支持“背奶妈妈”。

三、社会化传播打造数字营销生态圈

1. 深入了解目标受众，搭建社会化传播平台

此次支持“背奶妈妈”活动的目标受众是新一代的妈妈。经过调研发

---

① 石俊.“因爱而生，强生”——“关爱”理念的中国化表述［J］. 天府新论，2009（9）：231～232.

现，新一代妈妈具有两个显著的特点：第一是希望自己能够很好地平衡育儿、家庭生活和工作之间的关系，不愿意放弃工作以及和闺蜜在一起的个人空间。第二是她们更愿意借助互联网学习和探索育儿理念，并通过社交网络与同事、朋友甚至不认识的妈妈们交流互助。就像强生婴儿的官方微博“@强生婴儿新妈帮”上所写的：“我们新妈帮，爱宝宝，也爱自由。会上网，更会交流。我们不盲目照搬上一辈的育儿经，我们是以探索为先的新生代妈妈。我们都在‘@强生婴儿新妈帮’。因为这里，互助不分大小事，分享没有时间差。因为这里，有最坚强的后盾和最亲密的姐妹。”

通过对目标受众的分析，不难看出只有搭建一个开放分享的社交平台，才能更好地满足新一代妈妈的需求，真正和新妈妈们成为伙伴。随着数字媒体工具和社交媒体社区在中国的迅速扩张，融合了多种媒介传播特点的微博因在信息传播中具备原创性、交互性、零碎性、便捷性、经济性的特质而受到网民的强烈推崇，用户数呈现爆发式增长。因此，微博成为此次活动最佳的传播平台。“背奶妈妈”幕后操刀者网迈广告全国策略总监吴兆华说：“之所以选择微博这个平台，是因为我们锁定的大部分新妈妈都会使用新浪微博，同时我们更看中微博平台的即时性，可以与新妈妈进行24小时的互动交流，使妈妈和强生婴儿做一个透明、开放、亲近的沟通；另外就是它的可分享性，配合一些能够打动人、值得被分享的品牌内容，就会有数量可观的个人转发。”

2. 呼吁—申领—分享，创造母爱7平方

（1）第一步：呼吁。

2012年7月，由网迈广告为强生婴儿制作的感人视频《母爱7平方之小小空间大大的爱篇》在官方微博、视频网站和楼宇电视中播出，万千“背奶妈妈”的困境通过真实的镜头呈现在人们眼前：她们是一群普通的上班族，可上班对她们来说比普通人辛苦得多。压力、委屈、尴尬伴随着每一天，因为她们是“背奶妈妈”。一个冰包、一部手动吸奶器、若干个奶瓶、一打储奶袋，成为她们出门必带的“标准装备”。她们有的只能在公司洗手间取奶，卫生条件差且不说，门外排队的人还不停地敲门催促，不安和焦虑让她们不禁落泪；她们有的在公司保洁室取奶，常会碰上清洁阿姨的突然闯入，惊慌和尴尬顿时写满脸颊。还有的虽然幸运地找到了公司的哺乳室，却发现那里已变成堆砌杂物的仓库，只有狭窄的位置勉强可以坐下，留给她们的除了委屈，更多的是无奈与失望。就像视频里说的那样，对上班后还坚持母乳喂养的“背奶妈妈”来说，每天都是一场考验。

强生婴儿通过这则视频，呼吁人们为身边的“背奶妈妈”创造空间。“如果我们能多一份关怀，一切都会变得不一样。”

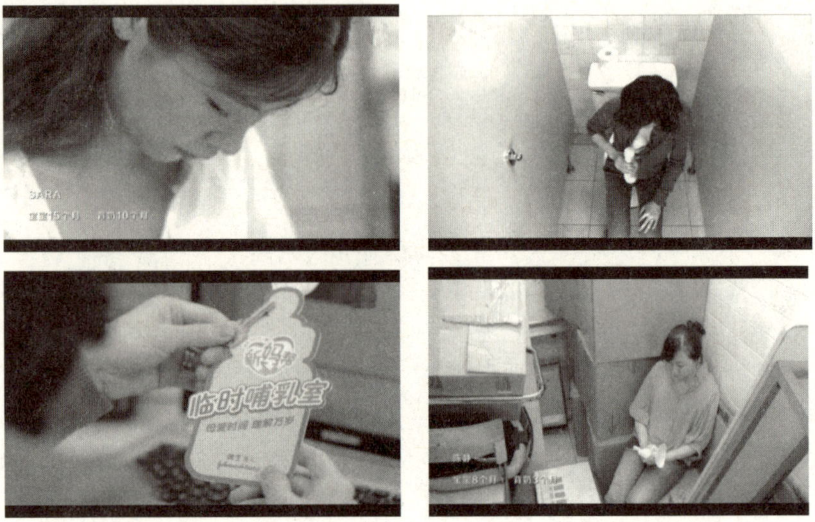

图 1　强生视频《母爱 7 平方之小小空间大大爱篇》截图

（2）第二步：申领。

在视频里，强生婴儿还提供了帮助“背奶妈妈”改善取奶困境的简便方法——使用临时哺乳室贴，将闲置空间变成临时哺乳室供“背奶妈妈”使用。登录“@强生婴儿新妈帮”，根据视频里的提示点击“申领”，就可以免费获得一张临时哺乳室贴。只要随手一贴，便可将任何一个闲置的空间变成临时哺乳室，供身边的“背奶妈妈”安心使用。在这张温馨的小贴纸上写着“母爱时间，理解万岁”。它提醒着临时哺乳室外的每一个人，此时此刻，房间里有位母亲正在做着一件光荣而伟大的事。或许空间很小，却有无限的母爱。

图 2 强生“临时哺乳室贴”

（3）第三步：分享。

强生婴儿推出了一张哺乳地图，让大家分享身边的哺乳空间位置，方便出门在外的“背奶妈妈”及时找到并使用最近的哺乳室。登录“@强生婴儿新妈帮”，点击“分享”，就可以将哺乳室的地点分享在“哺乳室地图”上。如今，地图上已密密麻麻地标记着全国各地的新妈妈们分享的哺乳室地址，这些素不相识的妈妈们也因爱聚在了一起。

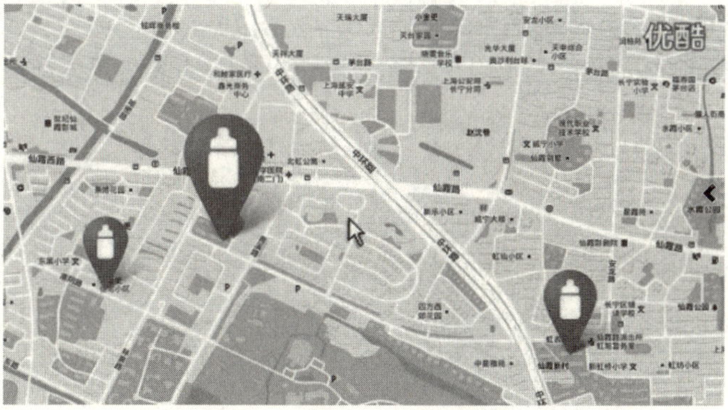

图 3 强生“哺乳地图”

3．支持“背奶妈妈”，让母爱从 7 平方蔓延

2012 年 12 月初，“@强生婴儿新妈帮”推出了新视频《母爱 7 平方之母爱蔓延篇》。视频女主角明知道上班后立即给孩子断奶对自己来说省心又省力，却还是在认定“母乳喂养”是最佳方案后，无怨无悔地选择了做一名“背奶妈妈”。一天三次的坚持，尴尬与不安让她感到无助。后来，

朋友帮她在"@强生婴儿新妈帮"上申领了哺乳室贴。工作期间，若需要取奶，她就将哺乳室贴贴在会议室的门上。她还申请了更多的哺乳室贴并把它们送给了下一个"背奶妈妈"，下一个"背奶妈妈"又将哺乳室贴再送给下一个需要的"背奶妈妈"。如此传递的，已经不只是哺乳室贴，而是浓浓的关爱。视频结尾说道："这不是我一个人的故事，也是你的故事，她的故事。一段改变我们的故事。你我小小行动，让改变发生。"我们要做的，不止是创造母爱7平方，更要让母爱从这7平方蔓延。

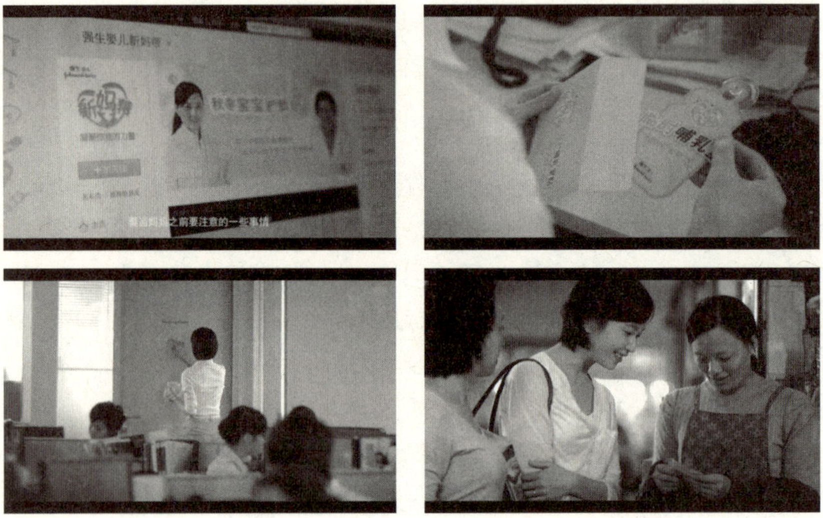

图4　强生视频《母爱7平方之母爱蔓延篇》截图

4. *启动母乳特快专线，把母爱速递回家*

2013年1月7日，强生婴儿在"@强生婴儿新妈帮"上发布了一条微博，宣布母乳特快专线正式启动。活动期间，"想让宝贝在第一时间喝上母乳的'背奶妈妈'们，只要在每日14:00前私信我们，送奶小哥就会上门取奶并在1小时内将你的母爱送至你家哦！想让在家想念你的宝宝喝到妈妈的味道吗？加入我们，让母爱在城市的各个街道蔓延！"

临近春节，职场"背奶妈妈"的工作也日益繁重，强生婴儿想妈妈之所想，急妈妈之所急，启动母乳特快专线，开展帮助"背奶妈妈"免费送奶服务，把妈妈的味道速递回家，让宝宝喝到新鲜的母爱。母爱，不因季节而更替。贴心的母乳特快专线服务获得了"背奶妈妈"们的一致好评，这个冬天也因为爱的蔓延而变得温暖且美好。

5. 引爆社会热点，覆盖意见领袖

借助微博的社会化传播和互动，强生婴儿“背奶妈妈”的传播力度和广度都远远超过预期。首先，在社会化传播中，网络视频“一对一”、“一对多”、“多对多”的传播形式让网民成为传播链条的有机组成部分，口碑评价让网民成为主动而有效地浏览视频的受众。具体而言，用户自主选择内容，当用户在评论微博、转发视频的同时也传播了网络视频的内容，让其他网友“所见即所得”。这种“口碑＋内容”的传播组合形式，很容易诱发其他网友的主动观看。围绕该视频将会迅速形成有效的传播链条：浏览—评论—转发—更多浏览。网络视频很快就会成为聚众的核心，甚至可以引爆为社会话题，无形中扩大了企业品牌的影响。强生婴儿的网络视频《母爱7平方之小小空间大大的爱篇》和《母爱7平方之母爱蔓延篇》一播出就引发了新妈妈们的强烈关注，并迅速成为热门话题。越来越多的人浏览、评论和转发，越来越多的人来到活动页面，用实际行动来支持和帮助。在短短不到一个月的时间里，网络视频共计播放180多万次，新浪微博“背奶妈妈”话题新增200多万条，支持人数达100多万，“@强生婴儿新妈帮”的粉丝成倍增长，哺乳地图上涌现出2 000多个哺乳室，整个活动在社会化媒体的影响人数高达2亿多人次。

其次，网络视频投放在微博平台上，可以覆盖传统媒体难以覆盖的意见领袖人群。借助意见领袖的吸引力，基本确保了二次传播的强度。所谓“意见领袖”，在传播学中是指活跃在人际传播网络中，经常为他人提供信息、观点或建议并对他人施加个人影响的人物。意见领袖对传播可以产生中继或过滤的效果，如果意见领袖赞同大众传播的内容，那他或她势必将扩大、强化传播效果，如果意见领袖反对大众传播的内容，其将阻碍、减弱大众传播效果。从微博的传播态势看，由于传播的便捷快速，意见领袖对信息传播的影响作用也随之增强。除了原创微博外，意见领袖的转发微博也占据相当比例，一条微博如果被转发的次数多了，其传播效果也会随之放大。在活动早期，很多意见领袖已通过微博关注到“背奶妈妈”的话题并主动参与转发，并借力社交网络成功推动目标人群新妈妈们的开放分享，进一步扩大传播。活动推广时更是引发了社会各界的高度关注，主流媒体竞相报道，呼吁大家一起关注伟大的“背奶妈妈”；中国平安、阿里巴巴、雅诗兰黛、联合利华、美德乐、梅赛德斯—奔驰、雀巢等各大企业决定为“背奶妈妈”开辟专门的哺乳空间；中国女性公益组织也积极回应，主动提供帮助，中国妇联在部分地区建立了“背奶妈妈”沙龙——20

多平方米的套间，沙发和冰箱等挤奶及存储的设备，努力为附近楼宇内的“背奶妈妈”服务；明星艺人，如粉红丝带代言人马伊琍等都在微博上积极回应，呼吁支持“背奶妈妈”。这些意见领袖的回应，迅速吸引了大量粉丝的围观和转发，再加上网络社会化平台的超高传播率，强生婴儿的品牌传播得到进一步扩展。

四、用创意正能量创造品牌影响力

网迈广告全国策略总监吴兆华表示：“社会化媒体时代，广告人告别传统，不在于是拍广告还是做网站，在于是否懂得讲故事。在这个充满道德危机的社会里，我们更应该用创意正能量创造品牌影响力。”

菲利普·科特勒①在《营销革命 3.0》一书中也指出，营销 3.0 ——“价值观驱动的营销”已把营销理念提升到一个关注人类期望、价值和精神的新高度。的确，在这个快节奏的社会，世态炎凉，人情寡淡，爱在被遗忘，道德在沦丧。对于来自社会的企业来说，也应当回报社会。一个企业只有把社会装在自己心中，才能为社会所认同，它的社会价值才能体现出来。同时，在这个“内容为王”的时代，创意的内容确实应该在价值观上多考虑，更多地传递普世价值观，给受众正能量。

强生婴儿广告形象片的主题曲《为妈妈的爱喝彩》这样唱道：“她的爱从你出生就全心付出，呵护你成长。她给你力量在你的第一次，也在每一次。在她心里你一直是英雄，她为你骄傲。是妈妈的爱，让你做到最好。”强生婴儿承诺对待产品和妈妈对待宝宝一样用心，永远和所有妈妈站在一起，呵护、保护宝宝，从第一次到每一次！此次支持“背奶妈妈”行动中推出视频《母爱 7 平方之小小空间大大的爱篇》和《母爱 7 平方之母爱蔓延篇》，呼吁社会各界关注“背奶妈妈”，在工作单位及公共场所建立更多的母婴室，为职场及出行的“背奶妈妈”们打造爱的 7 平方；制作并向公众发放“临时哺乳室”门贴，为需要临时进行哺乳的“背奶妈妈”们在公共场所提供一个免受打扰的私密空间；弘扬真善美、倡导爱，用行动表达了强生婴儿对一个特殊的“弱势”群体的关注与支持，不仅帮助“背奶妈妈”解决取奶困难，更值得赞赏的是呼吁人人献出一点爱，并把爱心变为行动。作为社会公民的企业若从公众切身利益出发，关注社会问

---

① ［美］菲利普·科特勒. 营销革命 3.0—从产品到顾客，再到人文精神［M］. 毕崇毅译. 北京：机械工业出版社，2011. 4 ~ 5.

题，提供变革解决方案，并将商业广告公益化，用公益活动呼唤真情、呼唤道德，传递正能量，在为社会贡献自己力量的同时也对提高公众关注公益事业的自觉性和进一步维护社会道德秩序起到了不容忽视的作用，久而久之，企业的品牌影响力会越来越强，品牌价值也会更为深刻和持久。

可以说，强生婴儿此次活动为中国的“背奶妈妈”们赢得了前所未有的关注和支持，缓解了她们的背奶难题。强生婴儿强调，这只是个开始，它将继续支持全中国的“背奶妈妈”，做她们的好伙伴，“和妈妈一起，追求更好”。

〈最佳 SNS 营销案例〉

MINI 中国任务“社交寻人启事”

20 世纪，英国天才设计师伊西戈尼斯莫将自己对汽车的热情和创新精神注入新车设计上，改变了传统汽车的车型和机械结构，MINI 汽车应运而生。车身小巧的汽车不仅满足了当时石油危机下人们对节油车的需求，还在各种汽车比赛中击败保时捷、福特等老牌汽车，用速度证明了自己卓越的性能。50 多年的发展历史中，MINI 汽车经历了太多的起起落落，却没被岁月浸染成陈列室里的老古董，相反，这个老牌汽车换上了时尚的造型，焕发了新的活力。如今的 MINI 身上同时混合了经典与潮流、沉稳与激情、英伦风与时尚范等多重气质，让各个年龄层的人都为之着迷。

作为一个标榜速度与激情的汽车品牌，MINI 汽车在近几年不断掀起 MINI “中国寻人” 任务的热潮。MINI 中国借助 SNS 网络平台，以“速战、速决”为口号，以人人网品牌主页为营销主战场，同时利用微博平台、团购网站等多种数字化媒体开展“寻人”任务。人人网用户通过人人网 MINI 中国品牌主页——MINI 星球，报名参与全国“机动车驾驶员”年度嘉年华，进入决赛的队伍于 2012 年 10 月在北京进行终极对决，冠亚军车队分别获得 MINI 中国任务特制版一年和半年的免费使用权。通过线上和线下的互动活动，MINI 中国获得了广泛的关注，并成功完成了 2012 年的中国“寻人”任务。

以 MINI 中国任务为核心的一场场精彩的品牌数字营销战，让拥有百年历史的英伦小车在中国为自己的品牌内涵增添了勇于挑战和冒险的新注脚。

一、MINI 中国任务的背景

作为一个标榜探险与挑战、速度与激情的汽车品牌，MINI 在近几年不断掀起 MINI 中国任务活动，每年都能吸引数万人积极参与。2010 年开始，

MINI 中国任务已经在中国举办了两年，2012 年是 MINI 中国任务的第三年。2011 年的 MINI 中国任务吸引了 60 000 人报名，为 13 000 人提供了海选机会，这些都是拥有购车意愿的潜在客户。在接连两年市场试水并获得巨大成功后，2012 年 MINI 中国任务如期启动，2012 年的主题是“速战、速决”。海选覆盖全国 36 个城市，终极决赛的冠亚军车队将获得 MINI 中国特别版一年或者半年的“暴走权”。

MINI 中国任务作为 MINI 汽车近年来最盛大的全国性营销策划活动，其核心是通过充分了解消费者消费心理后对品牌的营销活动重新定位。MINI 自成立开始，其品牌就是“潮”和“范”的完美结合，而这次 MINI 中国任务的营销活动恰好符合 MINI 理念的精准定位。

在 MINI 公布的最新广告中，一辆颜色鲜艳的 MINI 汽车从欧式建筑林立的街头飞驰而过，路人透过挡风玻璃，可以看到正在驾驶汽车的是一位妙龄女郎，美丽的容颜，俊俏眉眼，优雅的神情，红唇如刚采摘下的草莓一般娇艳欲滴，垂肩的翩然长发和一袭优雅的礼服让围观的路人惊为天人。从广告中就可以看出 MINI 的不凡定位，即潮流与时尚、激情与活力的完美结合，无论是广告还是营销策划活动，MINI 都展现了自己与生俱来的时尚范。

由于 MINI 在消费者心中的地位较高，其旗下的各个系列，都能凭借夺人眼球的外观设计、安全出色的操控系统赢得众多年轻一族的青睐，符合城市白领一族的文化品位，受到这一群体的追捧。

二、人人网为主战场，多渠道火力全开

1. 首页推送广告，吸引更多的关注

MINI 中国任务在人人网首页右侧的广告栏推送了自己的活动链接，但是与传统的广告不同，在广告链接下方，人人网增加了已经参加活动的好友，并且提供了“我要参加”和“喜欢”的快捷按钮，很多对活动感兴趣的人人网用户可以直接在这个链接下方进行操作。另外，好友的加入可以激发用户对这次活动的好奇心，增加了这则广告链接的点击率。

通过点击广告链接，感兴趣的人人网用户可以直接进入 MINI 中国任务的“MINI 星球”，进一步了解 MINI 中国任务的相关信息。

带有好友信息的社会化广告，不仅吸引了更多的人点击，而且促使感兴趣的潜在消费者进入品牌主页，接受 MINI 中国任务，赢取全民“暴走权”。最终，这条社会化广告带来了可观的浏览量。广告曝光共 212 877 717 次，广

告点击共 576 756 次，CTR[①] 达到 0.027%。

2. 品牌公共主页，打造报名主场

MINI 中国任务为加大品牌号召力和“社交寻人”活动的影响力，专门开设“MINI 星球”，包括以下几个主要的模块：公共主页、资料、状态、相册、日志和中国任务。

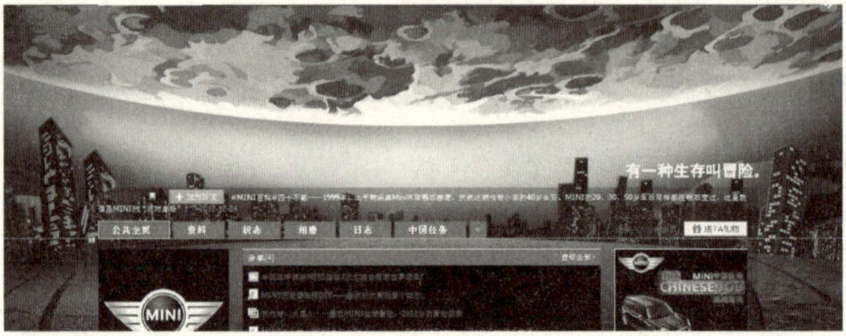

图 1　MINI 品牌人人网主页“MINI 星球”

在资料部分，品牌主页为喜欢 MINI 的潜在客户提供了品牌的相关信息，如创建时间为 1959 年 8 月 26 日，并且在简介一栏颇具创意地用四言诗的形式概述了品牌的内涵及发展历史，读来朗朗上口，并且把 MINI 系列汽车“经典”、“乐观”、“激情”、“崇尚自由，敢于尝鲜”的品牌内涵表达了出来。

在状态部分，“MINI 星球”不断发布品牌的最新信息，运用与品牌相关的事件传递 MINI 系列汽车的品牌精神，网友跟帖以及“MINI 星球”对网友留言的回复和转发都有利于品牌和用户之间的沟通，在无形中为品牌凝聚了超高人气。比如，残奥会期间“MINI 星球”在公共主页上发布了一条有关残奥会精神的状态“#MINI 早激动#无声的世界里，此刻绝不孤寂；黑暗的视线中，也有清晰梦想；失去双腿，并没失去奔跑的权利——残奥会与奥运会一样，只凭激动入场。大幕已经拉开，尽情享受这 12 天的激动奥运吧！”虽然是有关残奥会精神描述，但在无形中与品牌自身的精神相契合，从而让 MINI 汽车的品牌内涵拥有了更为深刻的意义。

---

① CTR，互联网广告常用的术语，是 Click Through Rate 的英文缩写，指网页的广告点击率。CTR 是衡量互联网广告效果的一项重要指标。计算公式为 CTR = 点击量/展示量，即 Click / Show content。

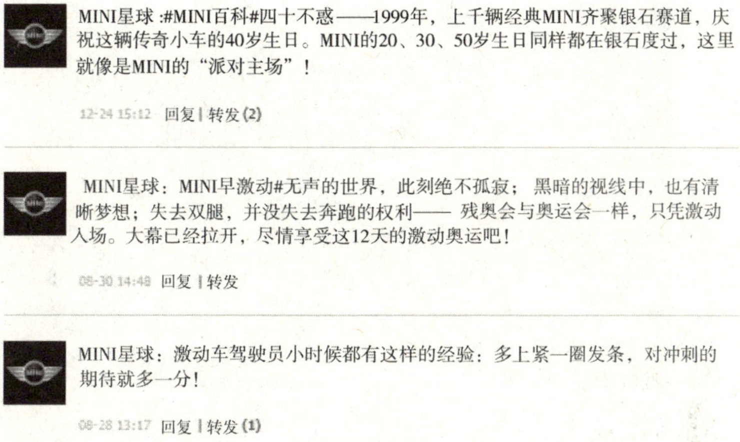

图 2　“MINI 星球”状态

相册部分则以与 MINI 汽车相关的各种设计展和汽车展的图片为主，让喜爱 MINI 的潜在客户即使无法亲临现场，也能感受到 MINI 汽车的无穷创意。

日志部分是对品牌活动的详细说明和补充，让想进一步了解 MINI 或 MINI 品牌活动的潜在客户，可以通过文字了解到更多细节。

中国任务部分是用户参与 MINI 中国任务活动的入口，在进入之后用户需要填写相关的信息，比如性别、手机号、驾驶经验及参赛城市等。

图 3　“MINI 中国任务”报名入口

图4　“MINI 中国任务”报名步骤

完成报名后，系统会自动生成一张带有报名者人人网头像的“任务单”，同步保存到人人相册，并通过新鲜事分享给他的朋友，通过新鲜事的不断推送，MINI 中国任务共获得了 340 万次曝光，为此次活动积聚了超高的关注。

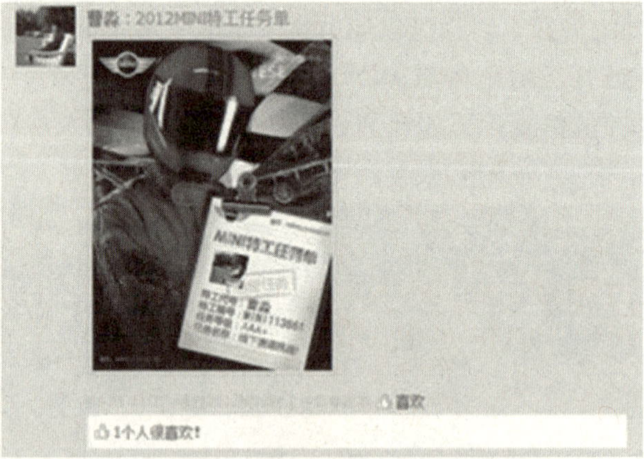

图5　“MINI 中国任务”人人网新鲜事状态

将创意与人人网数据和传播资源结合起来，优化用户报名的体验。系统会自动调用人人网用户的真实姓名，MINI 可以跟前来接受挑战的用户打招呼。活动获得了广泛的关注，最终共有 52 168 人参与活动，招募特工 4 012人。

3. 手机APP应用，拓宽用户参与渠道

调查数据指出，人人网有65%的用户都是通过手机访问的，所以MINI中国任务特别向手机终端投放了MINI中国的广告，数据证明无论是点击率、报名转化率还是意向客户参与率，手机用户的ROI① 都是最高的。

对手机终端植入广告的重视，恰恰反映了目前数字营销在移动终端市场跑马圈地的新趋势。对于SNS网站的主要目标受众——“80后”、“90后”而言，手机与平板电脑等移动终端是他们获取信息的主要渠道之一，而MINI中国任务想要在人人网上获得成功就必须清楚地认识到受众的媒介接触习惯。MINI中国任务结合这一受众媒介接触习惯，不仅扩大了自身的受众接触面，而且也最大限度地提高了网友的活动参与度。最终手机广告的投入获得了175 210次曝光，2 936次点击，CTR为1.6%，共有2 812人参与活动，招募特工729人。

4. 0元团购，引爆眼球

在这次MINI中国任务活动中，MINI还别出心裁地与团购网站合作，推出了“0元团购MINI中国任务”的活动，在第一时间吸引了很多习惯网上团购的消费者的积极参与。0元团购活动符合当前普通网友的消费习惯，成功吸引了众多消费者的积极参与，这是充分研究了年轻一代网络消费行为习惯后的成功策略。最终MINI中国任务在网上的团购活动共吸引了26 970人报名参加，招募特工1 519人。

图6 “MINI中国任务”糯米网团购

① ROI（Return On Investment），投资回报率，是指通过投资而返回的价值。

5. 伦敦奥运：神一般的“微广告”

伦敦奥运会期间，MINI 充分利用奥运会这一举世瞩目的体育盛事契合自己充满运动活力的品牌内涵进行营销，从奥运会开幕式上一辆象征性的红色 MINI 驶入伦敦碗开始，MINI 中国的微博就勤快地“织”起了奥运微博，其所发挥的效用也十分显著。

品牌官方微博与 SNS 品牌主页其实具有相同的功能和地位，但微博所发布的 140 字的短消息，更加符合现今碎片化的传播趋势，所以品牌官方微博的巧妙运作对企业而言是一笔只赚不赔的买卖。

MINI 官方微博也与 MINI 品牌的其他网络平台一样起到彰显企业创新、活力、鲜明个性的作用。在本次奥运会期间，MINI 中国官方微博利用不断出现的热点事件在微博平台上卖力传播，不仅与潜在买家之间形成良性的“微”互动，而且对品牌形象的塑造起到了意想不到的作用。有网友感叹 MINI 中国官方微博的微广告是“得瑟的文案”加上“别有风味的插图”，“霸气又调皮”的独特风格让人过目难忘。

图 7　MINI 品牌官方微博

自 2012 年 8 月开启的 MINI 伦敦奥运项目，不同于之前 2008 年北京奥运会时期的运作方式，而是加入了很多本土化的内容。2008 年奥运会期间，MINI 中国为了呼应奥运主题和 MINI 的英伦特质，直接转载英国的广告语，比如当年英国地区推出了“Don't stare on my shoes”的广告语，引进国内后被翻译成了“别盯着我的鞋”，不仅与英文的原意有所出入，并且水土不服的文化拷贝也让这一广告创意没能发挥出应有的效果。

伦敦奥运会期间的 MINI 中国摒弃了原先的简单照搬原则，开始利用自己的中国腔发声，同时骨子里还保持着英伦精神——有点酷，有点叛逆，充满激情又幽默创新，这些复杂特性的融合塑造了 MINI 的品牌形象，该形象在奥运会期间得到了充分的释放。

在伦敦奥运会期间出现的创意微博，成为 MINI 的“微广告”，与 MINI 中国任务相辅相成。另外，在官方微博的侧边栏上链接了 MINI 中国官网、MINI 星球人人网主页以及优酷和豆瓣的主页。各大网站上的主页和官方微博在无形中形成合力，无论是人人网用户还是新浪微博、豆瓣等网站的用户都可以通过各种渠道关注 MINI 中国任务的相关信息，这对该次营销活动的展开具有重要的推动作用。

图 8　MINI 奥运期间“微广告”

三、解密 MINI 中国任务

MINI 中国任务在获得较高的网络关注度后，线下的活动也成功举行，就在这场成功的网络营销活动落下帷幕后，我们有必要对 MINI 中国任务进行总结：有哪些成功经验可以为其他营销商参考与借鉴？

1. 借助人人网：精准互动

2012 年的 MINI 中国任务借助人人网的社交网络平台，充分利用了人人网实名注册的网站特征和独特的传播机制，对潜在的购买人群进行了精准的营销。

为何选择 SNS 平台进行品牌传播活动？这与近年来 SNS 平台在发展过程中体现的巨大营销潜力密不可分。根据 DCCI 的数据，2011 年 SNS 网站的市场规模超过 10 亿元，增速超过 200%，2012 年 SNS 网站的市场规模超过 20 亿元。而且未来几年，SNS 广告将持续保持高增长态势，到 2015 年其广告规模将达到 144 亿元。[①] 另外，在 SNS 网站的用户群体中“高收入、高学历、高职位”的三高人群占据了主流。SNS 平台成为近年来的热门营销平台，其巨大的营销潜力被业界看好。

SNS 巨大的营销价值在于其庞大的用户群、极强的用户黏度以及强互动和广分享的能力。用户通过人际关系的网络链接把兴趣相同、志同道合的人聚合在了一起，并且用户之间突破了固有的人际圈，可以与人际圈之外的人进行跨人际的传播。

在社交网络中，用户注重的是传播的内容而非广告，因而企业品牌要想得到很好的传播效果必须在传播的内容上下功夫，特别要注重与用户的互动，而不能仅仅停留在自我表现层面。企业在进行品牌的网络社交媒介营销时，要以互动为核心，通过强互动、娱乐化的营销方式进行品牌、产品的软性植入，让消费者在潜移默化中体验产品信息，实现品牌、消费者的双向互动。

在目前 SNS 的营销模式中，最常用的几种模式包括：①SNS 硬广告的投放，如在网站首页上设置网购链接等；②社交游戏，在具有交互性的社交游戏里植入广告，比如在人人网上人气颇高的“人人餐厅”里就有伊利和蒙牛的“牛奶”销售；③发动具有引爆点的话题吸引用户跟帖，比如杜蕾斯经常在自身主页上发起一些极具诱惑力的话题吸引用户讨论；④开设品牌主页，品牌在 SNS 网站设置的公共主页可以为品牌聚合人气和公布活动信息提供一个低成本的最佳传播平台。

MINI 中国任务就是充分利用了最后一种 SNS 的营销模式，在实名制的 SNS 网站人人网上创建了自己品牌的公共主页——MINI 星球，在这个“星

---

① 岳贤平．SNS 互动营销：锁定客户，精准互动［J］．销售与市场（管理版），2012（2）：100～103．

球”上掀起了MINI中国任务的网络旋风，利用投放社会化广告、品牌主页、手机终端、团购网站的“0元抢购”活动充分挖掘了网络社交媒体的营销价值。

2. 用创新的内容吸引眼球

对内容产品进行深加工，摆脱过去赤裸裸的商业宣传是目前SNS网络中品牌宣传的重点。

在时间碎片化、注意力分散化的今天，很多企业都饱尝在传统媒体巨额投入之后反响寥寥、石沉大海的无奈，并且信任匮乏的网络环境让数字化广告无法带来与投入相匹配的广告效果，无论是SNS还是微博都亟须转变自身的发展思路。

与此同时，国际巨头们纷纷开始调整策略，宝洁缩减了10亿美元的传统媒体的广告投放，转而开始做网上内容互动；通用汽车撤销了1 000万美元在Facebook上的广告投入，却拨出3 000万美元的预算去专门经营Facebook主页。①

从这些国际巨头在广告投入上的转变，可以看出产品内容对于品牌的构建具有重要的意义，形式的新与内容的旧可以完美融合，而这一目标的达成有赖于品牌营销团队的营销能力。用好的内容和创意来吸引目标受众，激发受众自发地传播所产生的投资回报率比在传统媒体上投放广告更高。

为了充分利用好人人网平台，MINI不仅凭借人人网大力宣传MINI中国任务，还通过公共主页充分展示品牌个性，传播品牌内涵。

MINI中国任务为加大品牌号召力和“社交寻人”活动的影响力，专门开设了品牌的公共主页——“MINI星球”。公共主页各个模块通过视频、音频和文字等各种形式展示了别具匠心的创意内容。特别是在资料部分，MINI颇具创意的一首诗反映了品牌的历史、文化和内涵。

英国小车，五十二岁。传承经典，形貌鲜明。
肌肉发达，灵动敏捷。运动血统，成绩斐然。
天性乐观，充满激情。自信满满，精力超人。
崇尚自由，敢于尝鲜。创意非凡，独树一帜。
引领风潮，时尚先锋。粉丝众多，老少皆宜。

---

① 刘晓芳. MINI的营销狂人［J］. IT经理世界，2012（19）：56～61.

备受青睐，名人最爱。交友无数，永不满足。

人人网作为一个“80后”、“90后”聚集的地方，品牌的公共主页在传播品牌文化内涵时也要考虑受众的时代特征。对于“80后”和“90后”而言，他们需要的是有创意的、能够吸引他们眼球的传播内容，而不是赤裸裸的广告。要巧借网络视频、日志以及音频等多种形式将品牌文化植入其中，让用户在观看创意视频或者阅读日志的过程中潜移默化地接受品牌所传达的商业信息。

MINI的这次中国任务“寻人启事”就充分利用了SNS营销的新趋势，将品牌文化渗透进每个策划环节，让参与活动的用户在自觉自愿的前提下接受品牌文化的洗礼，事实证明，这样的营销活动比传统的商业广告更切合年轻一代受众的心理。

3.“众包”时代：让每个网民都为自己工作

“众包”这一概念是由美国《连线》杂志记者Jeff Howe首先提出的，指“一个公司或机构把过去由员工执行的工作任务，以自由自愿的形式外包给非特定的大众网络的做法。众包的任务通常由个人来承担，但如果涉及需要多人协作完成的任务，也有可能以依靠开源的个体生产的形式出现”①。

事实上，在Jeff Howe提出这一概念之前，网络的发展已走在了概念之前，俨然成为一种新的风潮。随着网络的普及，普通消费者对品牌的再创造热情十分高涨。其创新热情和创造能力对品牌塑造起着巨大的作用，而这一过程中也蕴含了无限的商业价值。创新的营销方式可以帮助企业节约营销成本，互联网上无数的用户都可以成为品牌营销传播中的重要一环，每一个体的创意和创新都能够为企业品牌注入新的含义。

MINI中国任务在其传播过程中特别重视对“众包”的创新应用，每个参与活动的人人网用户都可以在自己的相册中自动生成一张个人的“任务单”，同时在自己的新鲜事中也会同步更新这一消息。在进一步的网友转发和评论中，普通的用户都自觉自愿地参与到MINI中国任务的营销工作中来，这一创意调动了每个用户的参与热情，同时也使该次营销活动获得了广泛的关注，积聚了超高的人气。

伦敦奥运会期间，MINI在微博上推出的很多“微广告”都点燃了网

① 于潇. 社交媒体时代品牌传播策略分析［J］. 新闻界，2011（4）：122～125.

友转发与评论热情，在多次转发与评论的互动中为自己吸引了更多的关注。比如，“#MINI 早激动#”的互动话题，利用奥运会的各项赛事，配上简短又切中赛事主题的文字以及不同型号的 MINI 汽车，仿佛 MINI 化身运动员参加了奥运比赛，利用奥运会的强者对决反映出 MINI 汽车的卓越性能。比如，结合田径比赛推出的“激动，又是一代人”，游泳比赛推出的“金色激动一波接一波”等，还有的反映了这个赛事的国际性，如“你代表哪个国家？我代表激动的地球”，这种看似对奥运的宣传语句可以让受众产生对品牌的正面联想，从而产生了“正正得正”的宣传效果。

图 9　MINI 奥运期间“微广告”

在伦敦奥运会期间也出现了一些突发事件，MINI 中国充分利用这些事件与微博网友进行互动，如出现判罚不公的事件后，MINI 发布了一条“不怕神一样的对手，就怕____一样的裁判”，特别留出了空格让网友发挥想象，这样的互动传播改变了“你讲我听”的线性传播模式，让 MINI 的爱好者与品牌充分互动，通过互动加深对品牌的认知和对品牌的忠诚度。

四、“寻人”找到的新机会

2012 年 MINI 中国任务利用多种传播渠道多管齐下，最终在网络平台收获了骄人的成绩，获得了市场的认可，最终有 6 260 名人人网用户报名参与了 MINI 中国任务，占整个网络报名总人数的三分之一，与往年的 MINI 中国任务相比，凭借人人网平台进行招募极大地提升了赛事的影响力和意向客户的参与率，并且，真实的人人网注册用户也为品牌的人际传播提供了可靠的基础，一个由真实姓名用户组成的 SNS 平台对于企业而言是一个绝佳的品牌传播工具，并且企业的专门用户号可以通过人人网内部的聊天工具直接与潜在客户进行沟通。

这次 MINI 中国任务除了取得较好的营销效果外，还为企业进行了很好的品牌宣传，这为 MINI 中国未来的数字营销工作带来了新机遇。通过这次 MINI 中国任务的营销活动，MINI 与参与活动的 13 000 人进行了一次亲密接触，这些参与活动的网民都是 MINI 的潜在购买者，这次活动对提升 MINI 在潜在购买者心中的知名度和美誉度颇有助益。

数字化社会媒体有着强互动、高黏度的天然优势，这对于企业来说是一个非常难得的营销机遇。特别是像 MINI 汽车这样在企业文化基因中注入了潮流、时尚元素的公司，更需要充分利用好 SNS 平台为自己的产品宣传造势。

随着数字化平台的商业化运作水平的不断提升，在可预见的将来，SNS 平台将成为企业之间营销战的主战场。能否抓住这一机遇，改变旧有的营销思想，在新的平台上跑马圈地、推陈出新是每个企业开展数字化营销首先要思考的问题。而 MINI 中国任务也为企业社交媒体营销提供了一个可参照的成功范本，用实际的营销数字说明了 SNS 营销的无限可能。

〈最佳移动营销案例〉

潮玩大尺度——三里屯 village 恐龙化石展

2011 年，三里屯 village 接到一项让人颇费脑筋的任务：承办一场恐龙化石展。任务来自中国文化部和辽宁古生物博物馆。这场只会让人们立刻联想到远古生物和沧桑历史的化石展览将在人流量达到巅峰的十一黄金周举办。你也许会问：Are you kidding？作为潮人圣地的三里屯 village 需要被激发出怎样的创意，才能让浮躁匆忙的路人和年轻的先锋潮人们主动融入恐龙化石的历史文化气氛中去呢？

一、来三里屯 village 潮玩大恐龙

2011 年 9 月 26 日，人们发现上海麦肯光明广告有限公司（以下简称上海麦肯）向三里屯 village 交出了一份相当出彩的答卷。活动专属 APP 上线，人们可以用手机、平板电脑等移动终端下载“Let's play XXL”应用，将摄像头对准三里屯 village 随处可见的“潮玩大尺度”活动海报，就能立即进入动感逼真的恐龙世界，不但能体验虚拟动画与现实画面相结合的奇妙观感，还能选择自己最爱的潮衣、潮色为自己屏幕上的恐龙塑造独一无二的形象。

图 1 用平面电脑“Let's play XXL”

这场活动，恐龙依然是主角，但基调却从沉闷深厚的历史文化转变为刺激新奇的全民体验，作为活动奖品的限量版 XXL 包包成为抢手的潮流单品，与恐龙相伴的潮玩黄金周引发了社交网络上病毒式的交流和分享风潮。活动期间的三里屯 village 客流量较 2010 年增加了 40%，消费者参与度更是惊人地提高了 670%。这项科技与时尚完美融合的整合营销策划方案获得了广告和营销业界的高度评价，连续摘得中国艾菲实效奖房地产类金奖、中国国际广告节长城奖户外类金奖、中国 4A 金印奖整合传播类及媒体创意类两项铜奖。

二、Let's play XXL 活动全程

三里屯 village 位于北京市朝阳区，隶属太古地产有限公司，是一个汇集了国际顶级奢侈品牌和众多活力四射的潮流品牌的开放式购物区，融合了购物、影院、餐厅酒吧、艺术画廊等多种场所的综合型休闲娱乐区。三里屯 village 代表着一种独特、先锋、传统与现代融汇交织的人文风尚，其风格鲜明的立体线条构成的建筑吸引了众多的消费者和游客。这样一个设计灵感来源于老北京胡同和四合院的潮流购物区，从建成开始便以赋予古老事物以新鲜时尚的面貌为主旨，这似乎能使恐龙化石展这一通常呈现于博物馆、美术馆等专业、沉静场所的活动，通过独特的创意大放异彩。

图 2 “潮玩大尺度”为三里屯 village 带来巨大利润

潮玩大尺度（Let's play XXL）这款 APP 是上海麦肯在接到为三里屯 village 策划并执行恐龙化石展任务后，专门开发出的活动应用。三里屯 village，不只是一个时尚购物中心，还是北京时尚潮人和年轻人心中的潮

流地标。因此，上海麦肯认为，要圆满完成文化部和辽宁古生物博物馆的任务，同时保持品牌一贯的酷感及形象，创意主旨很简单：不要让恐龙将我们拉回至远古，而是把他们带来 2011。

2011 年 9 月 26 日开始，登录 APP store 下载“Let's play XXL”游戏应用，人们会发现在三里屯 village 的惊喜将接连不断。

第一步：下载恐龙程序。

第二步：对准遍布三里屯 village 的广告牌。

第三步：玩，不同种类的恐龙会换上你喜爱的新衣朝你扑来。

第四步：现场设法找到海报，搜寻 6 只时尚恐龙，你会得到一款限量版的超大包包。

图 3　“Let's play XXL”活动海报之 1

将摄像头对准遍布三里屯 village 的“潮玩大尺度”活动海报，便会发现该应用能将屏幕中的恐龙动画效果与现实取景的场景相结合——恐龙仿佛在眼前的建筑中怒吼着破墙而出，或者对着摄像头中的路人扇动双翼，这自然是相当刺激新奇的画面体验。另外，人们还可以为恐龙更换皮肤，无论是用下载导入的图案花纹，还是当场拍摄的服装颜色，都能直接通过应用更换成恐龙自己的肤色，趣味十足。更有独特的 XXL 限量版包包，等着体验者们在三里屯 village 范围内收集齐 6 款时尚恐龙后去店内领取。

图 4 “Let's play XXL”活动海报之 2

一时间，路人纷纷举起手机或平板电脑对准遍布购物区各个角落的活动海报，这成为三里屯 village 在黄金周内的一道鲜明新奇的风景线。“潮玩大尺度”成了街谈巷议的话题，宣传活动和消费者的参与像病毒般扩散，吸引越来越多的年轻人去三里屯 village 消费，限量版的超大包包更是在社交媒体上成了一种新时尚。为满足市场需求，超大包包重印了 5 次，它也成为大众最想得到的热门单品。市场营销效果也有目共睹，客流量（较去年同期相比）增加了 40%。最重要的是，消费者参与度（较去年同期相比）惊人地提高了 670%。恐龙化石展带来了巨大的利润回报。

图 5 活动参与者在微博上展示获得的限量版包包

最终，三里屯 village 成了能化一切平凡事物为时尚的潮流圣地。上海麦肯光明广告有限公司总经理邓淑仪（Ame Tang）表示："我们真的很高兴看到，我们与客户之间的默契合作能够得到这么广泛的认同和肯定，我们会一如既往地秉承追求行销效果和创意上的双赢，让新奇好玩的创意与科技完美糅合，做更符合现代消费者生活方式的传播，以实现更好的营销效果。"①

三、增强现实，AR 技术成为出彩功臣

1. 恐龙撞进现实

互动营销在品牌营销领域已经不是新鲜名词，在消费场所举行参与式的活动来吸引消费者如企业所愿地进入自己的"领地"，从而促进认知和消费早已不是创新策略了，甚至开发品牌专属的 APP 也早已成为近年来多个品牌和企业在营销传播上的共识。但互动这个领域却依然有着可无限发掘的空间，这得益于数字技术在营销领域内的不断引进、开发和尝试。三里屯 village 这次恐龙化石展能成功吸引众多的观众参与，促进了商业区的消费增长，要归功于一个关键点——AR 技术。

AR（Augmented Reality），中文通常称为"增强现实"或者"扩增实境"技术，是近年来众多研究机构和企业品牌创新营销的重点关注对象之一。增强现实技术是在虚拟现实（VR）技术的基础上发展起来的，它将计算机生成的虚拟物体、场景或系统提示信息叠加到真实场景中，从而实现对现实场景感的增强，增加用户对现实世界的感知。从哥伦比亚大学计算机科学教授斯蒂芬·K. 芬纳（Steven·K. Feiner）的计算机图形和用户界面实验室中开发出新一代的用户界面系统开始，到 AR 技术在近几年开始被熟练运用到品牌营销中来，历经了十多年的时间。②

营销者都明白让消费者参与到品牌活动中来与品牌进行互动，是重要的营销手段之一，但随着互动活动的广泛应用，消费者已经习惯了在卖场等消费场所举办的互动活动，如一个品牌在一个暂时搭建布置的区域，举办互动性的游戏来吸引路人。而活动的主动者依然是品牌和企业本身，消费者只是旁观者和被鼓动者。AR 技术更进一步地把主动权交到了消费者

---

① 互动中国. 麦肯上海：三里屯 VILLAGE— "潮玩大尺度"（Let's Play XXL）[DB]. http://www.damndigital.com/archives/75617.

② 张晓洁. 当 AR 爱上 APP [J]. IT 经理世界，2012（21）：110～113.

手中。活动海报和APP都只是辅助工具，真正推动活动的是消费者自己手中掌握的终端工具和好奇心。消费者不会认为是自己被产品和商家拉进他们的信息圈套，而是为了体验新奇的技术，动动手指就得到了感官享受和趣味性。

每个人都有手机，不少人带着iPad等终端来逛街，实时下载APP对准眼前的海报就能参加活动，没有工作人员上前促销解说，这种互动体验更自主、自在。置身在这个潮流集中营，身边的人纷纷举起手机或抬头仰望建筑物墙上的巨幅海报，带动人们的趋同心理，就是对消费者最大的鼓动。

2. AR技术的三点方针

“AR”这个名词还并未像LBS、GPS一样被大众所熟知，过去的30多年中，AR技术一直是科学家的玩具，是昂贵、笨重的设备和复杂软件的专享，应用领域也多为军事、航空等。直到2008年，增强现实技术第一次应用于APP中，人们才发现移动互联网和智能手机是AR技术的最佳载体。[①] 实际上，到目前也已经有不少专注创新的品牌将AR技术作为产品体验、促销手段以及发布会方式等。

较早的案例有日本电通广告公司创作的“扑蝴蝶iButterfly”游戏。这款游戏结合了增强现实和LBS技术，把“扑蝴蝶”的游戏变成了商家进行旅游和餐饮营销，用户轻松获得实用的商品和广告信息的手段。通过摄像头，该应用能在画面中同时呈现现实中所取到的景象和虚拟的蝴蝶形象。当蝴蝶正好出现在屏幕的虚拟框内时，握住手机轻轻一扑就可将蝴蝶捕捉下来。而这些造型鲜艳新奇的蝴蝶也不是简单的图片，而是带有广告内容和商品信息的图标，还可以将其作为优惠券在购物时使用。捕捉的蝴蝶会随着地域的不同而发生改变，也可以保存在手机中，甚至还可以通过分享功能与好友交换蝴蝶。

“潮玩大尺度”活动的主角三里屯village，已不是第一次在自己区域内尝试AR技术了。2011年夏日，OLAY玉兰油“全新水样动力”系列的推广者就在三里屯village广场采用AR技术，和现场的人们彻底体验了一把虚拟与现实完美结合的精彩互动。广场大屏幕上持续播放着产品代言人Angelababy早已拍摄好的视频画面，体验者只需站在广场中央，布置好的摄像设备会通过实时渲染的图像技术和肢体感测技术捕捉到体验者的影像

---

① 张晓洁. 当AR爱上APP［J］. IT经理世界，2012（21）：110～113.

和动作，透过屏幕画面，体验者会看见 Angelababy 就在身边跟自己一同起舞。夏日艳阳下，整个三里屯 village 仿佛被晶莹的蓝色覆盖一般清爽水润。这种视听完备的多重感官体验把虚拟画面同体验者自身的现实环境结合起来，让人们体验了刺激新鲜的科技游戏，同时也有效地融入了产品自身的特征——对于这款定位为“主动抓水科技使长效补水成为可能”的水漾动力系列护肤品，还有比让消费者通过科技亲手“抓水”更有效的商品信息传达方式吗？

由上述介绍可以得知，AR 技术在营销应用中如鱼得水，取决于它的三个主要特征。

（1）虚实结合。

人们的娱乐和感官享受既有在现实中的亲身经历，也有在虚拟社区中的模拟体验，消费者对这两种体验方式都不陌生，以消费者为出发点的体验营销必然重视不断创新，以排除消费者的倦怠感，不断推出新奇的体验才能保证他们的消费热情与主动性。绝大部分的 APP 能够提供人们在屏幕之内的各种玩乐方式和便捷享受，因此，让人们不再“埋头苦玩”，而是举起手中的移动终端，更亲近身边环境，去接触品牌传达的信息，甚至亲身实时地将形象投入虚拟画面中，这些要素都成为体验营销的“新宠”。

（2）实时交互。

将 AR 技术与移动智能、社交媒体融合、打通，可以快速形成多渠道的跨界整合联动，激发品牌最大化的传播，让实时搜索、服务与最大化传播直径成为可能。① 社会化媒体在渗入当代人生活的每一个时刻和细节时，也把人们的消费习惯融入了进去。线上社区是人们分享、体验和交流生活的驿站，在很多时候成为人们去发掘更多生活方式和细节的动力。

比如在“潮玩大尺度”活动中，新浪微博用户会在首页上看到其他关注者参与活动的信息，他们分享的经历和发布的图片直接将三里屯 village 这个活动的信息传达给了用户，想要尝试这种在现实城市建筑中与恐龙亲密接触的感觉，或者想得到三里屯 village 的限量版 XXL 包包的用户，便会主动前往三里屯 village 参与活动并引发一系列消费行为。参与后，在微博上与好友讨论活动经历、晒 XXL 包包与合影也会让用户兴奋不已。

（3）3D 呈现。

感官印象是引导人们进入消费的重要阶段。广告大师伯恩巴克也把震

---

① 华栩. AR 互动玩“穿越”[J]. 销售与市场（管理版），2012（9）：70~72.

撼力列于他的优秀广告基本准则ROI理论中。而现阶段即使是使用新媒体技术，大部分广告依然是从二维画面、文字乃至文化和情感这种潜层次的角度来产生震撼力，而AR技术最大的亮点便是3D立体效果的呈现。AR技术的体验应用会给人们带来扑面而来或环绕而成的立体感受。融入AR技术的地图导航会导出立体画面，再“路痴”的人也能直观地通过明确的街道、建筑画面找准方向。基于AR技术的游戏不再是只能让手指贴紧屏幕才能产生效果，而是面对摄像头，人们身上各个部位的动作都能被利用起来，并参与到游戏中去。

目前，AR应用最多的是产品发布会或展览会，就像三里屯village这次的恐龙化石展一样，AR技术带来的虚实交互体验能让发布会或展览会充满科技时尚感，降低了硬件成本和场所要求。具象化地展示一部分，再用虚拟技术模拟出现实条件无法达到的另一部分，这对于那些品牌形象先锋时尚、工艺精湛复杂、技术和文化含量高的产品颇为有益。因此，数码产品、汽车等是AR技术最大的客户群体。从大众、奥迪、丰田、宝马、雷诺到奔驰，都早已开始采用AR技术进行产品推广。在发布展会上，人们可以直接通过移动终端拍摄平面展板上的汽车，也可以对准展台上的实体车，AR应用便会在终端上提供3D示意效果，从各个角度展示汽车的内外部结构、细节装饰、零部件等。除了更加以人为本地便利消费者的购买行为，科技的突出运用也能更好地体现出汽车行业的技术性与前瞻性，成为强化品牌理念和品牌定位的助力。

3. 运用于营销的两项准则

AR技术在三里屯village“潮玩大尺度”中的应用，也再一次向广告策划和营销人员证明，“增强现实”正在日渐上升为互动体验的热门领域。数字技术与品牌宣传相结合早已成为这些年来的主旋律，AR技术一次次的成功运用为品牌广告开拓了一个新方向。运用增强现实技术，使用者直接体验现实与虚拟的叠加世界，这种新型体验最基本的功能就是直接增加消费者对品牌和广告的好感。跨界的交互体验和深度的内容互动也是数字技术受到市场青睐的主要原因，而传统媒体在内容承载上的有限和高成本也在此显露无遗。①

---

① 杨岳衡．新技术如何蔓延全球、影响市场？——AR技术剖析与案例分享［J］．广告大观（综合版），2012（2）：46~47.

（1）技术的主角依然是品牌和产品。

数字技术的出现引发广告市场不断革新的同时，也推动消费者和市场提出对营销手段与技术运用方式多样化的高要求。在力求通过新技术博取眼球唤醒消费者新鲜感的基础上，也要求更善于将产品本身的内容信息妥帖地植入技术中，否则稍作重复便会引起观众的麻木和厌烦，对于消费者，"雷声大雨点小"的热闹后未必能够与品牌和产品产生联系。

"Let's play XXL"的创意最初是来自于三里屯 village 举办恐龙化石展的任务，在这个特殊的展览场所，三里屯 village 所需要的依旧是它作为商业购物区最注重的人流量和消费参与。游戏应用的开发首先要能够将人们带到三里屯 village 来，让人们主动来到这个地方，主动使用自己的移动终端参与体验。而这个互动性的游戏也不是单纯让人们来"凑热闹"，而是坚持以恐龙为主角，没有恐龙一贯的恐怖惊悚，没有化石历来的沉闷枯燥，却把现代先锋的刺激与新奇融入恐龙的动感形象中，利用现有的建筑场所制造恐龙穿梭于现代都市中的未来感和科技感。正是三里屯 village 的最主要受众，这一批年轻有活力、追求冒险但又不缺乏科技文化高端享受的"潮"人们，最乐于从精神上追求体验。

这样的一款游戏应用，让恐龙化石依旧保持在人们的关注中心区，并且丝毫没有影响三里屯 village 作为创意和潮流至高领导者的定位，反而让人们感慨，三里屯 village 本身的形象根深蒂固，还能够将其他任何调性的事物一律带向别致、创新的方向。开放性购物区只要有了人流量，就不用担心消费参与度上不去。参与者们为了获得限量的 XXL 包包在购物区内四处搜寻奔走，就是活动自身最好的广告，国人们爱热闹、爱参与、习惯从众的行为特征都是提高活动参与度最好的保障。再加上社会化媒体的分享传播，病毒式营销效果就达到了。在黄金周消费高峰期，三里屯 village 顺利完成了恐龙化石展任务，还获得了商业区人流量的提升和消费上的巨大收益。

著名家具品牌宜家也利用 AR 技术相当出色地将消费者的直接商品体验与广告 APP 结合起来。西班牙的 Mobil Dreams Factory 公司 2010 年为宜家量身打造了互动性体验应用"IKEA Interactive Catalog"，作为一个互动式产品名录，这款应用就具有独特的 AR 增强现实功能：用户可以从商品目录中选择一件家具并将其"摆放"到家中。软件所显示的家具，并不单是一张 2D 的平板照片，而是可以调整角度的，借着一些辅助工具，在将目录内的摆件摆放于真实空间时，能与已有的家具完全融合，这样一来，再拍摄出来的图像便获得了很高的参考价值。

这款应用就是凭借数字技术高度模拟购买过程和产品使用过程，为消费者提供了购买便利。在挑选阶段，先让消费者选取数字商品放在现实空间的画面中试用，待满意后再购买，减少错误购买，防止发生买回家后才发现不合适的情况，充分从消费者的角度考虑问题，提供便利的同时还降低了退货率，也为品牌和厂商自身争取到了利益。同时，在购买前能够数字试用，从趣味性角度出发，会吸引许多原本并没有购买需求的用户去尝试，把摄像头对准自己家中的一个角落，再拖进几样家居产品，在虚拟画面的感染下，消费的可能性又会提高不少。

除消费者由趣味需求主动展开购买意向和消费行为外，从另一个角度看，宜家通过互动式的产品名录，用户在 APP 中挑选商品、模拟家居环境，品牌可以通过页面的访问量和商品的试用量了解消费者的喜好，什么尺寸需求比较大，什么颜色和款式被选中最多，定价是否合理等，消费者心理和市场需求透过 AR 技术都能够清楚地显示出来。

（2）技术用于对消费者需求的延伸。

企业商家如此热衷于在营销中运用 AR 技术，除了因为它新奇有趣外，最重要的还在于它能够更大程度地开发用户的消费需求，更贴心地服务于消费者的购买意愿和行为。

近年发展势头颇佳的电子商务网站 1 号店也在上海奥美的帮助下，开始了“无限 1 号店”计划，把电商发展到线下准备开设 1 000 家“虚拟体验店”，借助 AR 增强现实技术让消费者更直观、便捷地挑选商品。在三里屯 village、国贸、西单、蓝色港湾等经典商业中心，打开“无限 1 号店”APP，定位系统和摄像头会帮用户找到这些被称作“墙上的超市”的虚拟 1 号店，全透明的店面，布局完全模拟线下超市，从超市入口到迎宾员、指示牌、货架、商品，这样一种数字化的超市为消费者提供的人性化服务便是完全紧贴人们的需求而发展形成的。人们在逛街走路时可以随处“偶遇”或搜寻这些虚拟电商，传统零售与电子商务两方面的优势相结合，消费者既能够充分享受“逛超市”的乐趣，又能够享受到一站式购齐、方便实惠、送货上门等电子商务的便捷。①

尝试这种“墙上”虚拟超市的零售企业也不只 1 号店一家，韩国零售巨头乐购也正在以旗下的电子虚拟超市 Home Plus 大放异彩，所有等待地

---

① 王彩霞．1 号店　线上线下齐虚拟［J］．中国连锁，2012（11）：42～44．

铁的人，都能够拿起手机，在地铁墙壁上找到数字货架。Home Plus 主打的概念是“上班路上买好菜，下班回家即可做饭”，所售商品大都是一些生鲜肉和蔬菜①。其充分考虑到了消费者所处的数字社会里，任何科技带来的便捷都能引领一种新的生活方式，为消费者创造落到实处的便利。

“潮玩大尺度”所服务的并不是常见意义上的有形商品，而是恐龙化石展的展览体验，但这并不意味着这次活动 AR 技术就没有着力于消费者需求。前来三里屯 village 的消费者、路人、游客等都是恐龙化石展的受众，面对恐龙化石的观览体验便是无形产品。“Let’s play XXL”应用最基本的功能，便是带领用户更加主动、愉悦地体验展览，以恐龙为主角的游戏应用能直接把用户带入恐龙生物世界的气氛中。把这种氛围建立在现实的三里屯 village 环境的基础上，又能够让人们比平时仅仅购物时更清楚、认真地观察周围的建筑、设计风格和氛围，加深对三里屯 village 的认知和情感。

与此同时，三里屯 village 作为这次展览的举办地，也抱有另一个目的，即推广自身。这个开放性购物区便是另一种商品。强调这件“商品”自身的风格定位和主题概念便是最基本的要求。消费者来到三里屯 village，需要感受到的是这个区域能带给他的购物体验、文化积淀、现代设计和潮流感染。科技与传统、时尚与历史，这种跨界融合的推广内容正好符合“潮玩大尺度”活动中采用的 AR 技术所提供的虚实结合、线下线上同时体验的感受。传达消费者所需要的感官享受，成为他们标榜身份的助力，是这次活动的体验者们能得到的最佳服务。

四、潮玩数字化，AR 技术在营销行业大绽光华

这次黄金周期间轰动一时、引发无数消费者体验和讨论的三里屯 village“潮玩大尺度”恐龙化石展让人们亲身经历了一次科技带来的体验快感，让人们认识到了品牌营销更多的可能性，也为三里屯 village 以后无论是整体推广还是区域内入驻品牌的传播，在消费者中引发了更多的好奇心和提升了更显著的关注度。整个社会对于智能移动终端和 AR 增强现实技术的认识正在逐步扩大。汽车行业中宝马应用 AR 技术于维修培训，韩国 2N1 饮料公司利用它来做产品宣传，阿迪达斯推出了 AR 体验产品，WWF 世界自

① 王海天．1 号店：墙上超市能开多远？［J］．商界（评论），2011（10）：148～149．

然基金会也尝试使用AR技术来进行公益活动宣传①，天猫商城也正在尝试运用增强现实技术来模拟试装效果以推广服装销售，韩国SM娱乐公司在举办的SM Art Exhibition上运用AR技术来提供粉丝与偶像在屏幕上亲密接触与互动的游戏机会等，这些举动表明各大企业和品牌将AR技术作为一种与消费者相联系的重要工具的愿望日益强烈。

营销的最终目的还是打动消费者、创造品牌价值，AR技术的使用最主要是为了拉近品牌、产品自身与消费者之间的关系。AR技术的运用要充分契合广告和营销的主题，保证定位的精准，否则只是徒凑热闹、浪费资源。广告和营销也需要在内容上直接与技术相联系，置入趣味性和吸引力，让消费者在娱乐、享受的过程中也对品牌、商品和服务留下深刻印象。另外，AR技术在广告营销中的运用虽已有两三年，但技术带来的限制使得许多消费者在参与增强现实的体验时，需要通过繁复的打印或下载、区域的限制、复杂的操作过程等，这难免会打击消费者的参与积极性。毕竟广告世界中的信息纷繁复杂，错过一个机会，便可能永远失去这个客户。AR技术在APP应用和发布会、推广活动中的使用要充分考虑便捷性和易上手性，在制作和执行上，也要尽量避免因资金和精力问题而造成应用设计过于粗糙、广告界面不够精致、游戏时间过短等让消费者感到“被忽悠”的负面感受。

三里屯village在这一次上海麦肯协助大为出彩的“恐龙大挑战”后，不断推陈出新，在2011年底圣诞与元旦接踵而至的热闹氛围中，推出“潮玩出格”活动，把南区南庭广场设置成AR互动潮区。2012年底又延续“潮玩”主题，打造了“潮玩鸿运当头”活动，这一系列科技与时尚相结合的推广手段，让消费者永远不会失去来自创意的惊喜。

① 李琴. 增强现实技术在广告营销中的应用［J］. 商业文化（下半月），2012（11）：204~205.

〈最佳搜索营销案例〉

不只是搜索——百度宝洁“感谢妈妈，用爱跨越距离”

宝洁公司，一家已经走过一百多年历史的世界百强企业，在数字时代的营销舞台上如何华丽转身一直为业界所瞩目。

2012 年年初宝洁宣布：全球推广战略全面调整，网络营销全面铺开。5 月，宝洁中国与百度达成在数字营销上的战略合作伙伴关系。宝洁中国以华丽的舞步在数字营销时代告诉世界，宝洁历史悠久却不老旧，顺应时代浪潮走在前列。这被“广告门”创始人评价为“探索中的大手笔”的合作引发了业内的高度关注。原因有二：

其一，宝洁作为传统快消品的龙头，与百度建立战略合作伙伴关系标志着其推行的数字化营销战略迈出了重要的一步。

其二，百度作为以搜索引擎起步的公司使得两者的合作因搜索引擎营销这个“营销高频词”而备受关注。搜索引擎营销（Search Engine Marketing，简称 SEM）自 2000 年以来愈演愈烈，俨然是现阶段网络营销手段中的“当红小生”。这股潮流源自 1994 年雅虎等分类目录型搜索引擎的相继诞生，搜索引擎的网络营销价值逐步显现出来。当时搜索引擎营销的任务就是将网站提交到主要的搜索引擎上。其后搜索引擎技术不断发展，2000 年国内搜狐等中文分类目录开始实行收费登录。① 付费搜索引擎营销开始走向主流。至 2004 年，搜索引擎全面引领互联网经济潮流，搜索引擎营销的价值被企业普遍接受，搜索引擎广告进入快速增长期。从某种意义上讲，中国 SEM 的发展得益于数以万计的中小企业追求低投入、高收入的品牌营销方式。然而中国的 SEM 已不再是中小企业的“专利”，大企业逐渐成为搜索引

① 孔伟成，陈水芬，罗辉道. 网络营销的理论与实践［M］. 北京：电子工业出版社，2009. 191.

擎营销的主力，这促使中国的 SEM 向一个更为崭新的阶段迈进。①

百度作为全球最大的中文搜索引擎，其网络广告模式一直为人们所关注。从某种意义上说，百度代表了现阶段国内搜索引擎营销的最高水平与风向。这也是 2012 年母亲节期间，百度与宝洁联手打造的“感谢妈妈，用爱跨越距离”活动再度引起诸多关注的重要原因之一。百度以其搜索引擎为基础的平台优势大显，为广告主们展现了不一样的营销实力，令不少人心生感慨：“现在不能再把百度看成是单纯的搜索引擎了，它更像是一个流量聚合的平台与流量分配器。”② 百度在这个营销案例中的表现可圈可点，其网络营销实力早已不只是搜索！

“感谢妈妈，用爱跨越距离”母亲节主题活动是宝洁作为奥运会顶级赞助商于 2012 年伦敦奥运年在全球范围内掀起的 174 年来最大的一轮品牌营销活动——“感谢妈妈，为母亲喝彩”活动的一部分。其立足于百度和宝洁 2012 年达成的深层次、实质性的战略合作协议大背景，以提升品牌美誉度、拉近用户情感距离为主要目的，为网友提供表达感恩之情、分享孝心的平台，树立百度与宝洁关怀、感恩的品牌形象，体现企业的社会责任。“感谢妈妈，用爱跨越距离”活动让百度与宝洁实现了合作的双赢。

一、营销亮点：搜索为先，平台价值

就百度而言，其在案例中展现的以搜索引擎为先导，以打通综合平台为价值的丰富多样的营销手段彰显出其不俗的网络营销实力。

1. 入口：搜索引擎营销

图 1　母亲节当天百度搜索页面截图

① 齐鹏. 中国 SEM 的“品牌恋”[J]. 中国商贸，2008（1）：106.
② 杜晨. 百度：平台优势初显 [J]. IT 经理世界，2008（9）：55.

“感谢妈妈，用爱跨越距离”活动中，百度与宝洁运用了多种营销手段，如O2O模式（Online to Offline）、游戏营销、社会化营销等，其中必不可少的是百度最出彩的搜索引擎营销。一般来说，企业开展搜索引擎营销有两种途径：一是购买收费的搜索引擎广告（商业排序），如百度的竞价排名广告等。二是搜索引擎优化（Search Engine Optimization，简称为SEO），就是利用技术手段，对企业网站进行优化，使网站的内容更容易被搜索引擎搜索到，并且让各网页在搜索引擎中获得较高的评分，从而在自然搜索结果中获得最优排名（自然排序）。①

在母亲节前至母亲节当天（2012年5月8日—13日），“感谢妈妈，用爱跨越距离”活动在百度搜索首页下方以有足够资金支持的大品牌在搜索营销活动中经常使用的图文广告方式出现，图文广告打出活动主题，并链接百度与宝洁为这个活动共同搭建的迷你专题页面（http://www.mama.baidu.com）。百度搜索页面上的广告成为本次营销活动的入口。同时，当用户搜索“母亲节”、“宝洁”等关键词时，会看到关于宝洁母亲节活动的广告推广。这是搜索引擎营销两种途径综合运用的结果。为什么选择搜索引擎页面广告作为营销活动的入口，活动最终漂亮的数据单给出了答案（如下表）。

表1②

	2012年		2011年		
应用	用户规模（万）	网民使用率	用户规模（万）	网民使用率	年增长率
即时通信	46 775	82.9%	41 510	80.9%	12.7%
搜索引擎	45 110	80.8%	40 740	79.4%	10.7%
网络音乐	43 586	77.3%	38 585	75.2%	13.0%
博客/个人空间	37 299	66.1%	31 864	62.1%	17.1%
网络视频	37 183	65.9%	32 531	63.4%	14.3%
网络游戏	33 569	59.5%	32 428	63.2%	3.5%
微博	30 861	54.7%	24 988	48.7%	23.5%

① 曹芳华. 聚合营销网络整合营销传播［M］. 北京：人民邮电出版社，2010. 70～74.

② 表格数据来源：CNNIC发布第31次《中国互联网络发展状况统计报告》。

（续上表）

	2012 年		2011 年		
应用	用户规模（万）	网民使用率	用户规模（万）	网民使用率	年增长率
社交网站	27 505	48.8%	24 424	47.6%	12.6%
电子邮件	25 080	44.5%	24 578	47.9%	2.0%
网络购物	24 202	42.9%	19 395	37.8%	24.8%
网络文学	23 344	41.4%	20 268	39.5%	15.2%
网上银行	22 148	39.3%	16 624	32.4%	33.2%
网上支付	22 065	39.1%	16 676	32.5%	32.3%
论坛/BBS	14 925	26.5%	14 469	28.2%	3.2%
旅行预订	11 167	19.8%	4 207	8.2%	—
团购	8 327	14.8%	6 465	12.6%	28.8%
网络炒股	3 423	6.1%	4 002	7.8%	-14.5%

据百度官方提供的资料，在 6 天的活动时间当中，专题页面（mama.baidu.com）PV（Page View①）达 803 万，参与母亲节送祝福活动的用户达 389 万人次，地图标注、登录抽奖等深度参与达 85.5 万人次，帮助用户发送母亲节祝福短信 15 万条。同时，页面为贴吧“母亲节吧”贡献了 28 万 PV，母亲节吧在活动期间的 UV（Unique Visitor②）环比提升 583%，DAU（Daily Active User③）环比提升 902%。页面音乐专题区域点击量约 5.2 万次。

这也正是搜索引擎营销的特点之一——有效帮助企业提升网站流量、实现品牌推广。这与庞大的互联网用户数量是无法分开的。CNNIC 发布第 31 次《中国互联网络发展状况统计报告》显示，截至 2012 年 12 月底，我国网民规模达到 5.64 亿，全年共计新增网民 5 090 万人。互联网普及率为 42.1%，较 2011 年底提升 3.8%，并且，搜索引擎的使用率达到了 80%。4.5 亿以上的网民在使用搜索引擎。这为搜索引擎营销奠定了极大的用户基础，也正是其诱人之处。

---

① PV 即页面浏览量，通常是评价网站流量最常用的一个指标。

② UV 是指不同的、通过互联网访问与浏览这个网页的自然人。

③ DAU 是指日活跃用户数量。

2. 过程：平台打通，线下呼应

从严格意义上来说，“感谢妈妈，用爱跨越距离”专题活动是一个完整的整合营销案例。它利用了百度平台上的各个功能开展营销活动，整体活动框架是 O2O 的模式，即可以分为线上活动和线下活动两个部分。

其中，线上活动可以通过宝洁与百度联合搭建的母亲节活动专题页面参与，包括：

（1）网络上传播最热的在百度地图中标注自己与妈妈的位置，感受与妈妈实际的地理距离。

（2）在“感谢妈妈”专题页面的“零距离的爱”板块，留下“爱的真心话”，用心灵的距离跨越空间的距离。

（3）还设立了“零距离幸运”转盘抽奖，拉升网友参与的热情，让参与者有机会“带妈妈去伦敦看奥运会”，这是与宝洁 2012 年度奥运年整体品牌营销活动的一个对接。

（4）在“零距离瞬间”板块则是与百度“母亲节吧”贴吧相链接，网友可以在其中分享与母亲的温馨故事，母亲的照片、信件等与母亲有关的独一无二的回忆。

（5）在百度音乐设立母亲节音乐专区。

（6）拍摄并投放同主题“母爱”微电影《感谢妈妈，用爱跨越距离》，作为宝洁百度情感系列视频的第二季。

（7）利用百度新浪官方微博、明星微博等转发关于此次母亲节活动的微博，带动社会化媒体效应及自传播。

七大线上活动共涉及使用百度地图、百度贴吧、百度音乐、百度无线、百度首页等多种百度产品，向用户集中展现了百度各产品的优质功能，增加了广告主及用户对于百度产品的了解和使用，同时，各产品用户的相互导流，平台的打通及使用集中体现了百度的媒体平台价值。

同时，线下活动由百度和宝洁分头进行。百度母亲节项目线下活动落地贴吧、校园吧，共在全国 23 所高校举办线下活动，影响线下学生人数超过 50 万。而宝洁的线下渠道优势，包括全国 867 家大型商超及1 000家屈臣氏门店，影响人数超过 300 万人次。与此同时，百度还以“百度妈妈开放日”的形式在内部 15 000 名员工中推广母亲节活动，让此次活动更加立体丰满。与此同时，宝洁与百度还在车站等广告展位投放了平面广告，作为活动的线下宣传。

线上线下相呼应的活动开展模式，掀起了活动的高潮，强化了活动效果。同时，也充分显示了百度不再仅仅局限于搜索引擎营销这一业务，而是已经具备了以搜索引擎营销打头阵，借助平台全面开花、实现整合营销传播的实力。

3. 推广：自传播，大效果

在这个社会化媒体盛行的时代，好的整合营销案例，都离不开社会化媒体在当中起到的“推波助澜”的作用。而此次宝洁与百度合作的母亲节项目的出彩之处也在于借由社会化媒体，充分调动了用户的自传播积极性。

在社会化媒体中，人们利用在线平台彼此分享见解、信息、思想并建立关系。社会化媒体与所谓的“主流媒体”的区别在于，每个人都可以创建、评论和添加社会媒体内容。社会化媒体可以多种形式呈现，包括文本、音频、图片和社区。① 例如，微博就是被人们高频率使用的社会化媒体之一。

在此次活动中，利用社会化媒体精准地抓住了“70 后”到“90 后”——现阶段网民主体人群，同时也是现在购买日用品的主流客户。例如，“用爱跨越距离”这一活动主题成为新浪微博的热门话题，活动也利用微博的分享功能将地图标注和抽奖结果发布到微博等社交媒体上。据百度的报告显示，新浪微博搜索“用爱跨越距离”结果条数为 53 万条，其中大多数为用户对地图标注结果的分享。用户在微博上自发玩起接龙游戏，其中有一条用户微博在母亲节当天被自发转评超过 3 000 次。

我们将这样的行为称为“自传播”，即不需要信息制造者亲自传播，而是由信息接受者主动成为信息的接力传播者，以此促使信息自发产生传播。这样的现象在社会化媒体中屡见不鲜。当热点事件或是热门话题形成时，引发网民“围观行为”，进而发展成为“自传播”。宝洁与百度以“母亲节”、“母爱”节日情感为契机，开展品牌营销活动，创造热点话题的情感营销策略，为“自传播”的形成创造了重要条件。

二、传播策略：节日营销，以情动人

就宝洁而言，其出色的事件策划能力，对市场动向的把握能力令人叹服。节日营销成为商家的必争之地早已毋庸置疑，然而争什么、什么时候

---

① David Meerman Scott. *The New Rules of Marketing and PR* [M]. 北京：机械工业出版社，2010. 10.

争却是一门真正的营销艺术。宝洁针对2012年奥运年所作出的传播策略就是：大家关注冠军，我们提醒大家不要忽视冠军身后母亲的伟大——感谢妈妈，为母亲喝彩。因此，宝洁圈定母亲节势在必行。每一个节日的背后都有着属于那个节日的特殊情感，如春节的除旧迎新，中秋的人月两圆等，因此，节日营销与情感营销就如双生子一般难以分离。母亲节——“母爱”，这个话题在营销活动中屡试不爽，尤其在中国这样一个奉行“孝”文化的国家中，可以说情感营销好做，却也不好做。之所以说好做，是因为拥有良好的文化氛围与人文基础；之所以说不好做，是在于如何激起大家的参与兴趣，如何出彩成为此次节日营销的一个难点。

宝洁与百度设定的活动主题是“感谢妈妈，用爱跨越距离”，在与全年传播策略“感谢妈妈，为母亲喝彩”保持调性一致的基础上，显而易见地以“游子思乡”为一个突破口展开传播活动。如何突显“距离”，如何实现“跨越”，百度与宝洁的两个活动已经作出了完美诠释。

1．空间上的远与近

不论是广告创意还是营销活动，不论是在崇尚当代审美文化的过去还是走向视觉文化的今天，创意，打动人心的创意是永远都不变的灵魂。

与母亲的距离到底如何体现？百度利用自己的百度地图平台制作的活动创意与主题非常贴合，也是整个主题活动的核心部分。让参与者在地图上标注自己的位置，然后标注母亲的位置，百度将计算出你与母亲的直线距离。与母亲的距离通过实实在在的数据具象地表现出来。

利用空间上的远与近，凸显距离感，引发消费者的情感共鸣：我与母亲原来是有距离的，我与母亲的距离原来如此之大。利用消费者所产生的心理反应，为其后的活动作感情铺陈，设立特殊情境，使参与者融入其中并自愿参与母亲节的相关行动——跨越距离，消费者以其弥补或改善自己的心理内疚等情感。而宝洁与百度在活动中则树立了良好的品牌形象，也提高了品牌美誉度。这样的模式简单来说就是“刺激—反应”，消费者在其中按照广告主预想方向学习，构建对品牌的联想。

2．时间上的远与近

母爱微电影《感谢妈妈，用爱跨越距离》同样也是此次营销活动的重要组成部分之一。微电影以其真挚朴实的情感打动人心，反响颇好。从5月5日正式上线以来，微电影播放量已达到503万，并登上优酷、56等视频网站播放排行榜。该微电影对章子怡、范冰冰、杨幂等明星的触动也很大，纷纷在微博上主动转发推荐。下面对这部微电影作一个简单的概述

（脚本见附录），以对其有全局的认识。

电影讲述了一个平凡、普通的故事。你可能在很多小说中都看到过相似的桥段，然而当这些被搬上屏幕，变成活动的画面时，给自己的触动，远远大于书中的三言两语。这是一个关于单亲妈妈抚养孩子的故事。因为邻居一块被砸碎的玻璃，孩子小军被同龄人陷害是做坏事的那个人，同伴的推脱、邻居对自己没有父亲的冷嘲热讽以及母亲的教训，激发了孩子内心深处的不服与怨恨，摔门而去，与母亲自此划开了深深的隔阂。直到工作，小军宁肯和女朋友在一起也不愿意与不远千里来工作地方看望自己的母亲见面，直到继父在电话留言里告诉他母亲病了，才踏进既陌生又熟悉的家门。一切误会解开，一个释怀的拥抱给了这部短片一个温暖的结局。正如篇末所说的："其实母亲的爱一直都在我的身边，只是我从来都没有看见。"

图2　微电影《感谢妈妈，用爱跨越距离》截图

7分多钟的电影里，对母亲的回忆让人觉得那么远又那么近。影片故事很简单，以正叙与倒叙相结合的手法，逐层剥开这个单亲家庭母亲深沉的爱。或许表演略显拙劣，剧情也简单平实，但是其中流露的感情却真挚朴实，并以略带戏剧化的手法告诉人们：或许母亲的爱在你身后不易察觉，在一切未晚时，跨越距离，用爱，也因为爱！

正是用人类最平实的感情触动消费者内心，才使得这个专题活动有血有肉，令品牌价值在其中得到体现。正如现代营销学之父菲利普·科特勒博士在《心灵营销》的演讲中指出："心灵营销就是企业通过履行自己的社会责任，获得人们的认同，从而提升品牌价值。"心灵营销又何尝不是一种情感营销呢?

三、营销趋势:资源整合,精准投放

百度与宝洁携手打造的“感谢妈妈,用爱跨越距离”整合营销案例在“中国国际广告节”、“金投赏”等国内行业盛事上屡获大奖,斩获佳绩不仅仅缘于案例本身出彩的创意与策划执行,更在于这个案例反映了当下营销的新趋势。正如在点评获奖作品时,2012 年“金投赏”评委、实力传播大中华区首席执行官郑香霖所说的,在“感谢妈妈”这一案例中,百度已经不仅仅是一个搜索引擎,它通过多个优势产品,为广告主提供整合营销的解决方案,让企业与消费者进行实时情感沟通,并能够真正地帮助广告主建立品牌形象。而这一特质已经受到包括宝洁在内的越来越多品牌广告主的认可。宝洁大中华区品牌运营总裁李红在接受采访时就曾表示,百度已成为宝洁在中国投放力度最大的单一广告平台。而且,宝洁并不满足于与百度在搜索方面的合作,还希望能在营销创新方面有更大的进步。因此,双方共同建立了联合实验室,研究消费者数据和行为,为消费者 360 度“画像”。

在“感谢妈妈”活动中,百度通过数据平台帮助宝洁进行消费者分析,洞察消费者的心理需求,抓住“母亲节”这个关键时刻与消费者进行情感沟通,并通过丰富完善的产品为宝洁提供整合营销方案,极大地拉近了消费者与品牌之间的距离。这也是百度越来越受到广告主青睐的原因。“大数据时代”的来临,麦肯锡公司谈到:“数据,已经渗透到当今每一个行业和业务职能领域,成为重要的生产因素。人们对于海量数据的挖掘和运用,预示着新一波生产率增长和消费者盈余浪潮的到来。”套句“百度记得你的一切”的台词在这里非常合适。百度精准掌握用户相关数据,为广告主实现精准营销提供了可能。

我们不可忽视,在宝洁与百度此次 2012 年母亲节策划中,是以传递品牌价值为目的的。集结多种形式,实现 360 度整合营销。本次母亲节专题活动整合了微电影、线上活动专题页面、线下用户活动、内部员工活动等多种形式,充分实现了内外呼应、线上线下交互的整合营销理念。就“感谢妈妈,用爱跨越距离”活动案例整体而言,“在百度平台上,品牌企业能在各个关键时刻与消费者进行实时、有效、一对一的沟通。这让百度超越搜索,成为一个能提供丰富的解决方案的整合营销平台”,在 2012 年 11 月 1 日举办的“百度 MOMENTS 营销盛典”上,美国西北大学教授、整合营销传播之父唐·舒尔茨先生曾如此评价。

百度，不只是搜索，宝洁与百度的合作，不过拉开了百度与大品牌合作的序幕，更多精彩的剧目即将上演！

附　录

微电影《感谢妈妈，用爱跨越距离》脚本

男主人公：儿子小军　女主人公：母亲　配角：老师、邻居等

（场景一：光着膀子的男人面无表情地躺着　旋转镜头）

小军（自白）：如果问你的母亲爱你吗？我相信很多人都会回答，是的。如果问你爱你的母亲吗？我相信很多人都会回答，是。而对于我来说，我的答案是……

（场景二：砸碎邻居家的玻璃，一群小孩儿相互推卸责任）

（“咣！”玻璃砸碎的声音）

邻居男（愤怒地）：小兔崽子，别跑！

（逃跑的脚步）

小军（小时候）：不是我干的！

小孩A、B、C：就是你干的！

邻居女：又是你这个小野种，告诉他妈去！

（场景三：家里，母亲生气地训斥孩子）

母亲（生气地）：你就知道给我惹事儿！

小军（委屈）：不是我干的！

母亲（生气地落泪）：你再说！我怎么就把你给生下来了！

小军（生气，哭闹）：对！为什么把我给生下来！他们都说我是个野种！野种！

（场景四：高中教室，老师与两家家长）

老师：小军、方雅先留一下。

女生父母（生气）：看看你儿子，这么小就要流氓，还给我女儿写情书。

小军（不驯）：我爱她！

母亲（生气）：你闭嘴！你懂什么是爱吗？

小军（愤怒）：那你又懂什么是爱吗？

（场景五：家里，儿子要离家出走，母亲与儿子争吵）

母亲（推搡着儿子）：你站住！

小军：你让开！

母亲（生气）：今儿你要是出了这个门，就别给我回来了。

（家外大雨，儿子走出，母亲关门）

（场景六：儿子大学生活片段）

小军（自白）：上了大学之后，母亲都在每个月的这个时候给我寄生活费。这次却晚了大半个月，我知道为什么。因为这个陌生的名字，三年后成了我的继父。

（场景七：办公室，儿子在忙碌地工作）

小军（接电话）：哎，您说……哎，张姐啊……

（儿子离开去上司办公室，桌上手机响，妈妈来电）

上司（生气）：我是公司的leader……

（儿子回到办公桌，犹豫了一下，起身接起电话）

小军（不耐烦）：我真的很忙，以后有空我会回去看你的。拜托了，以后不要问我这些问题了好不好！

（挂断母亲电话，犹豫了一下打给了女朋友）

小军（开心）：想吃什么呀？好，没问题。

（场景八：儿子租房里，儿子与女友）

（小军与女友接吻，电话留言响起）

小军继父：小军，我是吴建国。是你妈妈现在的爱人。你妈这阵子身体一直不太好。她非常非常想念你，你看看你能不能抽空回来看看她呀。

（场景九：母亲家里）

（飞机降落，小军站在家门口犹豫了一会儿，推开家门，深呼吸走进家里）

小军继父：你是小军吧？来来来，快坐坐坐。

（小军环顾四周，与离开的时候变化不大）

小军：我妈她……

（母亲生活片段：上网搜索年轻人的爱好，关注儿子状态，不明白的努力上网查找了解）

小军继父（独白）：她这几年一直很惦记你，天天看着你的照片。

（独白切换成当年母亲生活片段的再现：看到儿子状态写道，他的世界要崩溃了。担心不已，母亲决定自己北上去看看儿子，在儿子公司门口给儿子打电话想看看他，却被儿子因为工作忙而拒绝；母亲当年寄钱晚的原因是因为住院；当年小时候儿子因为被叫“野种”而伤心的时候，母亲冲到邻居面前理论，“谁以后再叫我儿子是野种，我和谁拼命!”；儿子离家出走，母亲关门之后，坐在门背后大哭）

（场景重回母亲家里，母亲走进门，看见儿子坐在家里）

母亲（抑制激动，故作平静）：军儿，你咋回来了。哎，你没吃饭吧，我去给你做去。

儿子（看着母亲去厨房的背影，深情）：妈！

儿子（走向母亲，拥抱，落泪）：妈！

母亲（感动落泪）：回来了！真的回来了！

（母亲以前爱的细节）

小军（独白）：其实母亲的爱一直都在我的身边，只是我从来都没有看见。

（字幕：当我们离开家求学求职闯天下时，妈妈的生活瞬间被抽空了……目前中国城乡空巢家庭已经超过了50%，平均通话时间不足5分钟……母亲节即将来临，给妈妈一个电话、一个拥抱，或是寄她一束康乃馨……用爱跨越距离）

（活动宣传图片与链接、百度LOGO）

〈最佳微电影营销案例〉

益达微电影广告“酸甜苦辣”：从产品推销走向情感营销

益达是1984年箭牌公司在美国推出的第一款无糖口香糖，推出后在短短五年之内跃居全球无糖口香糖的第一品牌。在中国，箭牌公司是从1996年开始在广东率先推出“益达”无糖口香糖的。现在，“益达”无糖口香糖的销售网络已经覆盖了国内逾300座城市，深受中国消费者青睐。作为家喻户晓的口香糖品牌，它将产品锁定为“口味卓越的无糖口香糖”。并瞄准15~34岁，拥有较高教育水平和收入，重视牙齿和身体状况的消费人群。箭牌将益达冠以时尚、健康的品牌形象，树立高端口香糖品牌，领导高级口香糖市场。

在大多数年轻人眼里，“益达”不仅仅是一个品牌，更是“甜蜜爱情”的代名词。甜甜淡淡的味道，像极了恋爱时的甜蜜，既浪漫又有深意。2010年，益达首先推出沙漠“加油站篇”微电影，随后历经三年，借助“酸甜苦辣”系列的再延续，帮助益达超越绿箭，登上了口香糖市场第一品牌的位置。益达借用微电影的形式，用故事、情感，获得了极好的市场反响。不仅斩获亚洲实效营销金奖、艾菲实效营销金奖，还拿下了微电影金瞳奖等多个奖项，这无疑又给商业微电影树立了一个新的标杆。

一、感受益达，感受酸甜苦辣

图1　不管酸甜苦辣，总有益达（益达微电影截图）

益达微电影广告“酸甜苦辣”系列是对“加油站篇”情节的再延续，截至2012年底，优酷相关视频点击量已高达16万次。“酸甜苦辣”系列微电影的男女主人公分别由当红“80后”影星彭于晏和桂纶镁饰演，讲述了男女主人公在加油站相识，以一句“你的益达也满了”，勾起了彼此对甜蜜爱情的憧憬，两人一见钟情后便开始浪迹天涯，感受爱情的酸甜苦辣。此系列微电影共由五部分组成：第一部分是“怕失去，便会觉得心酸”。两人来到一家拉面馆，热情且迷人的女老板和男益达打得火热，女益达一气之下倒了满碗的醋，酸意满怀，女老板将益达递到她旁边说，“这是他给你的益达。”借用益达来化解醋意，不管多酸，总有益达。第二部分是“爱中总有甜滋味”。一根冰糖葫芦承载着爱情的甜蜜，一句“小心你的牙齿”，装满了两人浓浓的关怀，两颗益达化解了“太甜”的烦恼，不管多甜，总有益达。第三部分是“吵得越多，爱得越辣”。爱情中的争吵，也是一味调剂品，一根辣羊肉串，让爱情又多了一道滋味，遇到地痞时两人同心协力，表达了争吵中同样有爱，不管多辣，也有益达。第四部分是“最苦的是在错的时间遇到对的人”。去丽江、去云南、去西藏，何时才能停下脚步，不再浪迹天涯。在错的时间遇到对的人，无疑是爱情最苦的时刻，还好有益达，它寄存着我们的回忆，记录着我们的美好。最后一部分则是两人的重逢，男益达因缘分突然出现，打破了女益达原本平静的生活，客栈老板、男女益达三人之间的情感历程由此展开。故事以客栈老板放手，男女益达重归于好，继续旅程作为结局，让爱情再次起航，让益达再次相伴。

故事与消费者有着密切的联系，似乎每天都发生在我们身边。两人相识在沙漠中，在两个人的爱情之旅中，不难发现益达不仅仅是表达爱意的信物，更是两人爱情的见证，让观众在感受并回味爱情的酸甜苦辣之余，产生一种情感的共鸣，即“关爱牙齿，更关心你”。与此同时，微电影不仅仅打的是场情感战役，更重要的是它还开辟了一条理性路线，短片不断向观众灌输时尚、便捷、健康、高端的产品理念，让受众在欣赏短片、体味故事的同时，将品牌理念融入故事中，让受众全方位地认识和了解益达。在益达“酸甜苦辣”系列微电影广告中，口香糖作为重要角色参与到故事讲述中，感性与理性相互交织，共同演绎“酸甜苦辣”的爱情故事。

二、以故事打动人，以形式吸引人

2010年，讲述桂纶镁与彭于晏爱情邂逅的沙漠“加油站篇”采用微电影传播的方式更好地诠释了“关爱牙齿，更关心你”的情感诉求，广告播出之后，立即引起了媒体的强烈关注以及网友的疯狂转载。调查显示，在短短的三个月中，消费者对品牌的认知增长了40至50个百分点。这不仅仅是因为动人的感情故事，其独特的表现形式也是吸引眼球的重要因素。

“植入式广告意味着智慧与规划，绝不是简单的摆入和拼贴”。[①] 益达微电影“酸甜苦辣”系列广告片无论从演员的表演技巧、拍摄技术、后期制作，还是从文案、镜头画面和媒介投放等方面，都达到了较高的水平，在短时间内取得了惊人的效果。

首先是电影短片系列的形式。此部微电影系列广告由《酸》、《甜》、《苦》、《辣》四个小故事构成，这部历时三载的系列微电影从2010年沙漠加油站上演的“兄弟，加满”，到2011年怦然心动的《甜》、醋意横飞的《酸》、快意江湖的《辣》和天涯海角的《苦》“四部曲”，再到2012年的《酸甜苦辣Ⅱ》，这样一个五味杂陈的爱情长跑故事让观众沉浸其中，一看再看。此部微电影将品牌和产品诉求巧妙地融入故事当中，让每一个故事的主题都与品牌理念相融合。即品尝过酸甜苦辣之后，牙齿需要益达的呵护，面对爱情，更需要彼此的谅解与关怀。

其次是经典的台词和背景音乐。故事以一句“你的益达也满了”，开始了两个人的爱情之旅，酸甜苦辣的爱情故事也因为益达的陪伴、情意和关怀的传达显得格外流畅，让观众将目光投入故事情节中，感受益达，体味故事。台词“要两粒在一起才是最好”同样寓意深刻，其中的“两粒”二字不仅达到了男女主人公表达爱意的目的，也为产品促销埋下了伏笔。在背景音乐方面，一首《给我一个吻》贯穿整个故事始终，让人回味往年的爱情，为此感动，为此感伤。通过对爱情酸甜苦辣的演绎，让人明白人生百味、酸甜苦辣，需要彼此共同经历。

最后是名人效应的巧妙运用。代言人桂纶镁和彭于晏都是“80后“当红影星，彭于晏帅气清爽，桂纶镁清纯自然，两人的形象特质与产品理念相契合，明星以主角的形式不断出现在画面中，广告将产品与人物相融合，利用明星效应，满足观众欣赏心理。

---

① 白瀛．植入式广告该如何规范？［N］．河南日报，2010－03－16．

三、独特营销策略，打造益达传奇

图2　情满益达（益达微电影截图）

视频网站用户群快速扩张、自媒体覆盖面日益广泛、智能手机市场占有率节节高升、"碎片化"信息接收方式日趋成熟，这一切促使微电影成为企业的一种新的营销方式，并将在企业营销中发挥更大的作用①。2012年11月，由彭于晏与桂纶镁联合出演的微电影广告《酸甜苦辣Ⅱ》在Beyond《情人》的歌声中落下帷幕，两人再续前缘，"一起为爱加满"。据博雅公关提供的最新数据，"酸甜苦辣"系列广告播出至今，电视、网络等渠道上的收看者累计已达到20.4亿人次，其中仅《酸甜苦辣Ⅱ》的微博转发量就高达34万次，与国内微电影共同成长的"酸甜苦辣"系列，为业界树立了微电影营销的新标杆。具体营销策略主要表现在以下五个方面：

（1）借助有效平台，全方位普及信息。通过日常微博的信息发布宣传益达的"酸甜苦辣"以及相关活动，包括每周抽取51名用户获得奖品，激发用户参与热情。

（2）利用名人效应，吸引大众关注。益达此次不仅为两位代言人拍摄了系列广告，还通过电视、网络视频等渠道投放，同时配合"酸甜苦辣"主题开展"明星快递员"活动，请代言人见证粉丝的酸甜苦辣，并坚持每天在官方微博上进行跟踪宣传。

（3）运用情感营销，引起受众共鸣。让用户通过微博平台发表自己酸甜苦辣的往事经历，引起用户间的讨论以产生情感共鸣，拉近品牌与用户

---

①　唐乘花，张波．微电影营销的市场前景浅析［J］．中国市场，2012（27）：7～8.

间的距离，增强用户对益达的品牌好感，从而帮助益达更有效地将参与活动的微博用户转化为品牌的消费者。

（4）加强品牌维护，保证持续有效。通过持续的官方微博维护提高益达品牌的美誉度，吸引更多用户加入，从而增加益达消费者的忠诚度以及两位代言人的粉丝对益达的关注度。

（5）借助网络视频，深化品牌营销。电视上的广告一般都有时间段限制，传统媒体的广告都是以秒来计算广告费的，益达“酸甜苦辣”系列广告在传统媒体上投放不太实际。然而，借助网络视频来进行品牌营销，如通过人人网、微博等网络平台进行转载收看，不仅可以降低广告成本，而且顺应了新媒体市场发展的趋势。

对于微电影来说，选择合适的营销策略有着至关重要的作用。微电影不同于传统电视广告，在进行创作时，投入大、制作周期长且成本高。与传统广告成本相比，益达将原本用于广告投放的成本部分转移到广告的制作成本上，它的微电影广告制作成本在2 000万元以上①。这种成本结构的变化一方面保证了微电影广告的内容质量，另一方面却增大了整个广告营销过程中的风险。但从益达微电影营销策略来看，它的成功不仅在一定程度上减少了企业自身的风险，也总结出了一套完整的营销战略，使自身在竞争中脱颖而出。

四、让益达与新媒体结缘

随着网络的不断发展以及移动网络终端设备的不断普及，以互联网为载体的新媒体传播方式正在逐渐赶超甚至取代传统的传播媒介。与传统电视广告投放相比，网络视频广告投放具有成本低、速度快、限制少、投放精准和传播效率高的特点。对于微电影广告这一崭新的广告模式而言，基于网络的综合营销投放主要有以下几个优势：

第一，基于网络视频的传播模式不受时长、时段的影响，对于益达“酸甜苦辣”这样的大篇幅微电影广告，利用网络视频可以更加细腻、完整地表现故事细节，增加可观赏性和艺术性，也给广告的制作方提供了充足的创作空间。

第二，整合营销传播理论认为，由于媒体权力的下移，社会分众化加

---

① 董晔. 不可阻挡的微电影广告趋势——谈益达无糖口香糖《酸甜苦辣》系列广告［J］. 中国广告，2011（10）：108～109.

剧，4P 理论早已被以客户需求为核心的 4C 理论所取代。益达口香糖将消费者放在中心位置，并进一步考虑如何与消费者沟通的问题，使消费者与品牌间有更多的“接触点”，加深客户对产品、企业和品牌的了解，在与客户的互相交流中创造“病毒传播”般的销售机会。

科技的发展，带来了生活节奏的加快，娱乐与体验也越来越具有即时性，人们很少再像从前一样拥有大量的时间专门用于接收信息，取而代之的是注意力的“碎片化”——上下班途中，等待时间以及特定的封闭性时间成为人们获取信息的有效时间。益达“酸甜苦辣”系列微电影广告在内容与篇幅之间进行了恰当的协调与取舍，使之成为在碎片化的空闲时间内吸收信息的绝佳对象；同时，移动网络以及网络终端设备如智能手机的快速发展使“随时随地”的视觉娱乐成为可能。益达微电影广告将品牌宣传融入微电影的故事情感中，利用网络传播的低成本和便捷性使受众与品牌的“接触点”大大增多，通过完整的故事情节使企业的品牌理念深入消费者的情感需求中，加深了客户对品牌的理解与认同；同时，益达借助不断发展的社交网络，将品牌创意进行“病毒式传播”，在消费群体中形成口碑效应，拓展销售机会——益达“酸甜苦辣”上线仅一个月，就有超过 261 万人次点击查看了益达的互动内容，有 53 505 人点击关注二维码，这样的传播效果是以往传统投放渠道所无法比拟的。

图 3　关爱牙齿　更关心你（益达微电影截图）

另外，益达“酸甜苦辣”系列微电影广告在和受众的互动上实现了由“请消费者注意”到“请注意消费者”的转变。传统电视广告的全部内容仅局限于产品信息本身，忽略了受众的审美追求，从而显得乏味无力、毫无生气，难以赢得消费者的信任与好感，拒绝往往成为受众的第一反应；

对于电视节目中插播的广告，观众往往选择换台来规避①。益达微电影广告通过广告内容的创新，满足了消费者对产品外信息的心理需求，并与网络投放相结合，使得消费者由被动接收变为主动选择——观众能够自由选择接收信息的种类、长度和内容，让原本煎熬的“跳广告”变为充满愉悦体验的“看电影”，广告的传播效果大大提升；同时，人群的选择在某种程度上体现了他们的客观需求：如大多数对“酸甜苦辣”系列微电影反应强烈的是对爱情抱有憧憬并关注自身牙齿健康的年轻人，他们愿意选择高品位的口香糖来满足内心的需求，年轻、时尚等种种特点使之成为益达无糖口香糖的消费主体。这种消费主体与广告宣传对象的主动结合，使商业广告利用微电影的创作形式，在互联网平台上实现了精准的投放。

五、由产品推销走向情感营销

图4　一路走来，总有益达（益达微电影截图）

微电影广告的成功在于其整合了电影的故事剧情和企业品牌的商业化传播，使两者在同一部作品中实现双赢。由于自身时长的限制，要在十分有限的篇幅内将完美的叙事和鲜明的广告主题相结合，这就对广告制作方提出了很高的要求②。益达“酸甜苦辣”系列微电影贯穿始终的主题是“关爱牙齿，更关心你”，对爱情旅途的重点叙事带有强烈的情感色彩。这种情感色彩淡化和掩饰了广告的商业气息，让广告片本身在消费者间依靠

① 郑晓君．微电影——“微”时代广告模式初探［J］．北京电影学院学报，2011（6）：9～13．

② 兰萍．微电影广告的发展趋势与瓶颈浅析［J］．东南传播，2012（97）：102～103．

网络进行“病毒式”传播成为可能。

然而，微电影只是表现品牌理念的形式与营销手段，在进行产品微电影创作时，必须要抱着做广告的态度来做内容，对于产品信息的出现以及诉求的表达是不能避讳的。同时，品牌理念深入人心仅仅是宣传成功的体现，产品本身才是企业的立身之本，拥有好的创意并将其巧妙地融入剧情之中是微电影营销的核心课题，也是今后发展的趋势。微电影无疑是在当今网络时代进行产品宣传推广的极佳手段，受众不再谈“广告”色变，而是主动去搜寻好的微电影。所以，作为一部商业广告性质的微电影，益达“酸甜苦辣”系列无论在内容形式、广告投放渠道上还是新型广告模式的推广上都为微电影广告营销提供了一个典型的成功范例——以广告受众的心理情感作为切入点，轻特定产品功能宣传，重品牌理念推广，隐藏商业动机，使观众在观影过程中不由自主地将品牌与影片所强调的情感相联系，以影片的艺术性和故事性淡化受众对商业广告的抵触心理，完成由产品推销向情感营销的转变。

〈最佳企业网络社区案例〉

宜家“梦想社区”小空间实现大梦想

有这样一个实验，也许你并不陌生：在一个装满石块的玻璃广口瓶中，还可以装进许多沙子；在看似已经爆满的瓶里，你仍旧可以将水注入，直到再次瓶满。同样的，宜家认为，每个家都应该有想象的空间，没有一个梦想大到放不下，也没有一个家小得放不下梦想。2012 年，宜家中国在“梦想社区”网络征集都市人的居家梦想，推出一系列“让梦想超越空间”的主题活动。因为梦想，空间被赋予无限可能。家不用大，只要设计巧妙就能拥有梦想之家。

一、宜家为大众创造更美好的日常生活

宜家家居（IKEA），是 1943 年创建于瑞典的家居品牌。一直以来，宜家秉承“为尽可能多的顾客提供他们能够负担，设计精良，功能齐全，价格低廉的家居用品”的经营宗旨，为大多数人创造更加美好的日常生活而努力。宜家的商品目录每年印刷量高达一亿本，其中收录有一万多件商品，号称是除了《圣经》之外最广为散布的书籍。

相比中国传统的家居零售企业，宜家家居最大的特点就是体验式营销。宜家家居以消费者需求为导向，不但按照消费者的使用需要和习惯设计人性化的产品，而且开创了中国家居样板间的先河。宜家十分重视消费者在消费前、消费时和消费后的体验，通过体验营销刺激消费者的购物欲望。

目前，宜家在全球 38 个国家和地区拥有 310 个商场，其中仅中国大陆就有 11 家。此外，在全球设立的 16 个宜家采购贸易区域中也有 3 个在中国大陆，宜家在中国的采购量已占到总量的 18%，中国在宜家采购国家中排名第一。可以看出，中国作为宜家家居最大的采购市场和业务增长最重要的空间之一，在宜家的全球战略中具有举足轻重的地位。

二、宜家“梦想社区”让梦想超越空间

目前，全球人口前所未有地突破了67亿，城市居民与日俱增。对很多人来说，住在城市里也就意味着住公寓房以及更少的人均居住面积。“家”更加成为个人的休养场所。宅居生活、居家安全、休闲放松变得越发重要。而另一方面，较高的房价限制了人们购买大面积住宅，“小空间”的现实和居家“大梦想”间的矛盾每天都在上演。

如今国内大城市的人均住房面积约为15～20平方米，大部分房间每天要承担多项功能。或许许多人都曾拥有过类似的梦想：2.7平方米的卫生间里可以做SPA；7平方米的厨房里可以拥有独立工作台；11平方米的客厅可以兼具卧室功能；14平方米的卧室里可以放置步入式衣柜。可是，家就那么大。当大梦想遇上小空间，很多人会选择妥协、放弃。但IKEA认为，没有一个梦想大到放不下，也没有一个家小得放不下梦想，人人都应该活在梦想之家，不是未来的某天，而是今天！只要融入创意，发现和使用隐藏空间，这些梦想都能成为现实。

2011年，宜家中国在9家商场同步推出充满巧妙利用空间灵感的全新展间，600多种低价格产品中大部分与巧妙利用空间有关。2012年中，全球的宜家都把“如何在小空间里创造更好的生活”作为关注重点。全新的2012年宜家《家居指南》中也有70%以上的产品涉及合理利用小空间的灵感和解决方案，并通过宜家官方网站、官方微博以及宜家店内展示等方式分享给消费者。与此同时，宜家中国分别在1月、3月和5月为消费者推出三季简单实用的《梦想实践手册》。每个人都有一个关于家的梦想，却不是每个人都能住进自己的梦想之家。很多人觉得空间改造太复杂，又耗时又花钱。在《2012宜家第二季梦想实践手册》中，宜家就专门教大家如何从零开始翻新家。

为了让更多普通人参与到实现梦想的旅途中来，宜家启动了跨越一整年的“让梦想超越空间”系列活动，通过宜家社区网站征集中国消费者的“百万居家梦想”，并激发广大消费者发挥自己的“小”创意，实现居家“大”梦想，把巧妙的方法和创意分享给更多人。

1. 洞察消费者，找准其内心需求

产品本身或许可以满足消费者在温饱、安全方面的很多需求，但这绝不是全部。按照马斯洛的需求层次理论，生理需求与安全需求都是比较浅层次的需求，任何一款面包或木板床都可以实现，但若要满足消费者更高

层次的情感和归属需求、尊重的需求和自我实现的需求，则需要借助品牌的力量。但是，如果品牌只是将其意义强行灌输给消费者，不仅无法满足消费者的高层次需求，还会招致消费者对品牌的反感。只有加强与消费者的沟通，从消费者的实际心理需求出发，找到品牌内涵与消费者内心需求的契合点，才是成功和有效的品牌营销。而要找准消费者内心需求，就离不开对消费者的调研和探索。

家，是世界上最重要的地方，她承载了我们与家人共同的梦想。为了更加全面和深刻地了解中国都市人的居家梦想，宜家中国借助宜家社区——“梦想社区”，开展了“百万居家梦想”征集活动，邀请全国8大城市（北京、上海、广州、深圳、沈阳、大连、成都、南京）的都市人分享他们在“有限空间”中的“大梦想”，并根据征询结果进行总结和归纳，最终发布了《中国都市人居家梦想报告》。

宜家问大家：“如果房子再大些，你的梦想是什么?”每个人都有自己的兴趣爱好和对待生活的态度，因而对空间的需求也有很大的不同。以下列举一些重复频率较高且具有一定代表性的居家梦想：

消费者A：“我的梦想是整个房间都堆满小孩子喜欢玩的玩具，要有能够荡得到天花板的秋千。”

消费者B：“我比较喜欢看电影，我想要有个影音室，这样子的话，我就可以一个人尽情地看电影，一个人尽情地哭了。”

消费者C：“如果我有个更大一点的家，每逢周末我就可以请朋友们过来开party。”

消费者D：“如果我的房子再大些，想拥有一间自己的书房，我很希望可以有一个属于自己，让自己静置沉淀的空间，每天下班回到家，泡在自己的大浴缸里舒舒服服地洗个澡，然后把自己关进书房，静静地思考，这真是一件再幸福不过的事。”

消费者E：“要是房子能再大点，我的愿望是能为女儿布置一个游乐场。”

消费者F：“如果我家再大点，我希望能有个自己的衣橱间。”

消费者G：“如果我的房子再大些，我的梦想是要房间变得更加温馨、舒适，让我有时刻想回家的感觉!”

消费者H：“如果我的房子再大些，我的梦想是把爸爸妈妈都接过来，还有弟弟妹妹。一家人热热闹闹才有家的感觉!”

消费者I：“如果我的房子再大些，我的梦想是拥有一个独立的小花园，有更多的活动空间，因为虽然居住在城市吧，但也想感受一种田园生活，就是特别追求那份恬淡与惬意。”

……

这次活动共收集到有效梦想 1 260 个。在 1 260 个梦想中我们看到了中国总体居家梦想的共性，也看到由于地域、气候、文化、经济条件等各方面的不同，中国一、二线城市的居家梦想、不同地域的居家梦想依然存在着较大的差异。概括地说，排名最靠前的“中国都市人十大居家梦想”分别是：拥有独立的书房；给孩子独立的空间；温馨、舒适的感觉；增添同住人口（亲人/朋友）；拥有花园/植物园/菜园；拥有影音/游乐室；拥有宽敞/独立的衣帽间；宽敞的厨房；拥有宽敞的书房；拥有运动/休闲的空间。

这些居家梦想不仅仅是一些普通人的需求，更在一定层面上折射出当下的中国人对居家的普遍需求。现在的人们相对以前更喜欢“宅”在家里，而且希望家能满足自己想要的所有需求，包括生活、工作和娱乐等方面，因此更加追求家庭功能的多样化，不但想要拥有独立的书房，在纷繁复杂的社会给心灵一个静谧的归宿，还想要影音室、游乐室，用来缓解工作和生活的多重压力。不仅如此，生活在充满钢筋水泥的现代都市里，让他们对大自然更为渴望，不论是花园、植物园还是菜园，都是都市人非常向往的返璞归真、舒适惬意的生活乐园。

宜家用心倾听网友们的居家梦想，对有限空间里人们的渴求有了更加真实的了解，并努力让宜家的产品和解决方案与大多数普通人更加相关。宜家希望告诉人们：不要让空间局限了我们的梦想。只要我们有梦想，发挥想象，行动起来，创意性的解决方案便能帮助我们摆脱空间限制，实现居家生活愿望。宜家中国区销售总监朱昌来女士充满信心地表示：“发现被忽视的空间，发掘产品的不同妙用会给你带来意想不到的结果。拥有开放的心和眼睛，利用内嵌式储物产品，合理利用房间隔断以及可移式产品，充分利用未使用的空间，最大限度地利用起家里的每一个角落，便能真正实现有限空间里的无限可能。相信消费者会从宜家的居家灵感中找到属于自己的巧妙方法。”

2. *搭建与消费者沟通的桥梁*

作为赛博空间特有的一种虚拟社会，网络社区将具有共同兴趣的访问者集中到一个虚拟区域，从而达到成员间相互沟通的目的。网络社区是用户常用的服务之一，不仅具备交流的功能，实际上也成为一个网络营销场所。与传统营销相比，网络社区营销不再单纯依靠信息浏览而是以交往互动为传播基础，传播也显露出去中心化的特征，传播信息潜移默化地渗透着，整个传播过程从原先传统营销的“灌输—接受—反应”变成“体验—互动—扩散”。《世界经理人》针对总数过百万的杂志读者及网站用户进行调查时发现，在作出购买决定时，五成以上人会参考网络社区圈内朋友的意见，网络社区用户之间的口碑影响越来越大。

社区营销的本质是提供一个企业主、用户之间平等对话、交流沟通的机会①。宜家搭建“梦想社区”，建立了企业和消费者沟通的桥梁。“欢迎来到宜家社区，在这里，我们将一起畅享最新的家居知识和家居装饰灵感，参与各种家居创意活动，分享装饰家居的精彩片段。宜家社区，你爱家的动力源泉。”（见图1）

图1 宜家社区

通过网络社区，企业可以与消费者直接沟通，得到他们的信任，同时在一定程度上了解其需求和对产品和服务的意见和建议。宜家在社区与消费者在第一时间保持沟通，“百万居家梦想”的活动就是宜家通过网络社区广泛征集的，广大消费者的“小”创意被激发出来，同时还将巧妙的方法和创意分享给更多的人。

除了企业和消费者的直接沟通，网络社区也方便了消费者之间的相互交流。如今网络社区秉承以人为本的理念，消费者之间可以进行多维的互动交流。网络社区匿名性和互动性的交流特点，可以满足消费者个性化的

---

① 许忠荣. 企业网络社区营销策略分析［J］. 中国商贸. 2010（21）：96～97.

思想表达，不受时间和空间限制①。在网络社区中，社区成员通过提问、提供建议或有价值的信息留下知识，如此一来，社区成员之间的互相交流便可以看作一个知识分享的过程。网络社区中的知识越多，网络社区就越有价值，访问量自然增多。消费者之间知识的交流和共享，也在一定程度上提升了企业价值②。此外，网络社区也提供各种服务，以提高消费者的满意度和忠诚度。像宜家的网络社区就呈现了很多家居知识和家居装饰灵感，吸引着消费者持续关注宜家家居。

网络社区用户多为青年人群体，而宜家“小户型”的主要目标消费者就是青年人群体，因而选择企业网络社区开展活动，能够尽可能地覆盖目标群体。同时，网络社区拥有社区成员的大量数据和信息，包括成员注册的私人信息和社区中公开交流的信息。透过这些数据和信息分析，有助于准确了解社区成员的消费心理、行为和价值取向，识别消费者的需求。宜家社区的注册用户大部分是宜家的会员，通过数据追踪，了解他们的消费心理和行为，可以更加精准地与目标受众进行沟通。

3. 小空间实现大梦想

通过层层选拔，宜家中国最终甄选出了三个具有代表性的家庭的真实梦想，并在上海真实的居住小区打造他们的梦想小家。单身的“@_Mr蕉_”希望能招待朋友在家聚会，可是屋子太小连坐两个人都觉得拥挤。宜家为他重新设计：堆在家里的东西，能上墙的都上墙；换成高架床，腾出大量空间；一部投影仪+一块宜家布料+一个小空间，晚上就能一起看电影。谁说小空间就不能开party？宜家让他和一堆朋友可以在小小的家里high翻天（见图2上）。甜蜜的小两口中“@珊儿林”渴望能在家做一些浪漫的事情，但家实在太小，想搞一下氛围也没心情。宜家改变了他们家里原先的布局，在烛光的烘托下，生活变得浪漫起来（见图2中）。年轻的爸妈“@哪吒小猫咪”想把家布置成女儿的游乐场，可现在的房子太小，女儿玩耍时总担心她磕碰着。宜家可折叠家具让爸爸妈妈彻底省了心，还可以在不大的空间里陪着孩子尽情地玩耍（见图2下）。

---

① 程志宇. 企业网络社区营销模式的发展趋向［J］. 商业研究，2010（1）：106~108.

② 张亚明，许妍妍，刘海鸥. 企业网络社区营销价值、机理及模式研究［J］. 企业经济，2011（12）：84~88.

图2　实现梦想的三个家庭

除了社区，宜家还借助新浪微博、豆瓣、开心网等社会化媒体平台，利用这三大平台在传播力、基于兴趣爱好的圈子文化、熟人间的口碑传播方面的特点展开营销①，宣传自己的理念，并分享在“小空间”里实现“大梦想”的灵感和秘诀，得到了“宜粉”的高度追捧，吸引了越来越多的人开始关注和支持宜家，宜家的品牌知名度、美誉度、忠诚度进一步提升。

宜家小空间引发大关注，各大媒体纷纷跟进报道。实际的梦想案例也

① 刘晓云. IKEA：“宜家社区”[J]. 全国商情（理论研究），2012（1）：24～25.

激发着有类似梦想的家庭，越来越多的家庭开始去宜家商场及宜家的网络社区寻求空间解决方案，实现他们的居家梦想。当然，一起实现梦想的，还有宜家！2012 年，宜家小空间的销售额占全年销售额的 13%，预期销售数量比去年增加 15%，实际销售数量增加了 55%，实际的销售总额提高了 63%。

品质生活，不在于家的大小，而在于对家的态度。因为梦想，空间被赋予无限可能。小空间只要得到合理利用，梦想就能实现。在体验经济的时代，宜家把体验营销做到了极致。在数字营销时代，通过网络社区营销，宜家在帮助“小空间”的人们实现“大梦想”，创造美好生活的同时也实现了自己的营销梦想。

〈最佳虚拟游戏营销案例〉

光明畅优植物乳酸菌 VS 植物大战僵尸

虚拟网络游戏植入式广告（In Game Advertisement，简称 IGA），就是将广告信息通过一定的技术方法以各种形式融入网络游戏之中，间接出现在网络游戏玩家面前，让广告与游戏融为一体，在潜移默化中给游戏玩家留下深刻的印象，以期达到预期的广告效果。① 网络游戏其自身具有虚拟性、强互动和娱乐性的特点，因而在实践中被广告主普遍看好，借助游戏平台的植入广告可以反复出现，并且在一些特殊的游戏中以拟人化的人物形象代表产品与游戏玩家形成互动。这些都是传统广告形式无法达到的效果，也让虚拟游戏广告越来越受到重视。

光明畅优植物乳酸菌饮品在最新的营销活动中，就是借助了人人网的热门虚拟游戏——植物大战僵尸，把光明畅优植物乳酸菌饮品形象化为促进消化的虚拟产品，在游戏过程中，通过使用“光明乳酸菌饮品”可以帮助作战的植物促进“消化”，打败汹涌来袭的僵尸部队。光明乳酸菌饮品利用热门游戏对目标受众的吸引力以及人人网精准的实名制用户群展开了一次深度的虚拟游戏植入广告营销，取得了不俗的市场反响。

一、SNS 平台游戏巨大的营销价值

SNS（Social Network Site），即社交网站，是基于社会网络关系系统思想建立的网站。按照 Stanley Milgram 的六度分割理论，最多通过六个人你就能认识任何一个陌生人，这是社会性网络的早期理论。除了这种方式的社交扩展外，还有的根据相同的话题、爱好、学习经历、旅行地点等方式进行凝聚，这也逐渐被纳入“SNS”的范畴。

2013 年 1 月，中国互联网络信息中心发布的《第 31 次中国互联网发

① 陈立群．从《梦幻西游》看 RPG 网络游戏植入式广告［J］．商场现代化，2012（4）：41～42．

展状况统计报告》显示，截至2012年12月底，我国社交网站用户规模增长至2.75亿，较上年底提升了12.6%，社交网站的网民使用率由2011年的47.6%增加至48.8%。

SNS网站有着传统网络服务无法比拟的优势，一方面它为广大用户带来全新的互联网体验，另一方面SNS网站的聚合性、真实性、用户黏性也为商家带来更为精准化的营销渠道。例如开心网，别克君威在抢车位游戏中出现，中粮集团的“悦活”果汁借助开心农场组建开展推广活动，这种类似电影中出现的植入式广告模式，通过道具和任务巧妙地将广告置入游戏中，是SNS赢利模式的新尝试，当然也是企业进行品牌推广活动的新方式。有效的植入能够把品牌的信息和产品信息很好地传播出去，社交网页游戏植入式广告的市场前景也因此被越来越多的人看好，根据Screen Digest的《游戏内植广告：市场评估和预测》，游戏中的广告支出将在2014年达到1亿美元。

在这样的形势下，光明作为国内最大规模的乳制品生产、销售企业之一，也顺应时代的潮流，联合久越互动为其旗下品牌，在SNS平台——人人网社区游戏中植入广告。光明牛奶此次推出的新产品——畅优植物乳酸菌饮品，富含光明拥有两项国家发明专利的植物乳杆菌ST－III，经纯植物提取，在肠道的存活率更高，具有突出的通畅效果。该产品主要针对城市办公室白领阶层，由于长期在室内工作缺乏锻炼，但又想要保持身材的人群，通过打造产品能够帮助肠胃健康，排出人体内毒素的功能，让消费者接受自己的品牌定位，而这些办公室人群同样也是人人网植物大战僵尸游戏的目标客户群体，这无疑为光明开展游戏植入营销提供了绝佳的机会。

二、线上活动带动线下，全方位的营销推广

2011年6月“植物大战僵尸社区版”登陆人人网，光明畅优植物乳酸菌饮品成为首个与之合作的品牌，在分析该饮品的目标消费群与人人网的用户群体有交集的部分——办公室人群后，如何将游戏内容与产品的特性有效地结合起来，成为开展营销活动首先要解决的问题。

通过调查发现，植物大战僵尸中的“大嘴花”可以承担“载体”这个角色。大嘴花在游戏中能够一口吞掉一个僵尸，但需要咀嚼很长的时间，而且在咀嚼的过程中会变得异常脆弱，很容易受到攻击。所以玩家在游戏的过程中，都希望大嘴花的消化时间能够缩短。经过创意设计后，大嘴花只要喝了光明畅优植物乳酸菌饮品后，就会变身为超级大嘴花，从而可以

缩短咀嚼时间，增强其消化能力。

通过这样的方式引入“消化”的概念，这既是光明畅优植物乳酸菌产品的特性，也是缺乏锻炼的办公室人群亟须解决的问题。借助“大嘴花”这个角色，光明畅优植物乳酸菌的“植物”、“通畅”、“消化”三个概念与“植物大战僵尸社区版”巧妙地结合在一起，光明畅优植物乳酸菌饮品的推广活动主题也因此定为：喝畅优，玩植物大战僵尸，让我们一起感受通畅！

1. 人人网平台分阶段活动打造宣传主战场

前期光明在自身的品牌主页对本次合作进行宣传，但品牌主页的影响力其实相当有限，只能作为宣传活动的前期预热。后期光明借助人人网的平台资源进一步推进了前期预热效果，而人人网也成为宣传活动的主战场。

人人网平台的宣传主要是分阶段在“植物大战僵尸社区版”游戏内进行。初期，在游戏内进行场景广告牌植入，让玩家了解到通过购买畅优产品，可赢得游戏内特殊道具，从而吸引玩家注意力。中期，进行每日登录奖励冠名推广，吸引玩家登录该游戏，逐渐增加品牌受众，以奖励的方式培养品牌受众的游戏忠诚度。后期，推出排行榜冠名活动，人人网的植物大战僵尸主页就游戏举办了一个“天下第一武道竞技大会”活动，每周会产生活动的新排行榜，而入榜的玩家都属于该游戏的忠实粉丝。光明通过冠名竞赛的排行榜，增加品牌的曝光度，提高玩家与该品牌互动的黏着度。

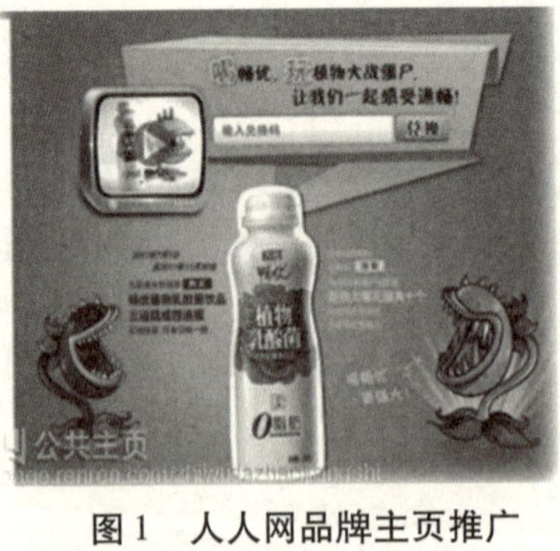

图1　人人网品牌主页推广

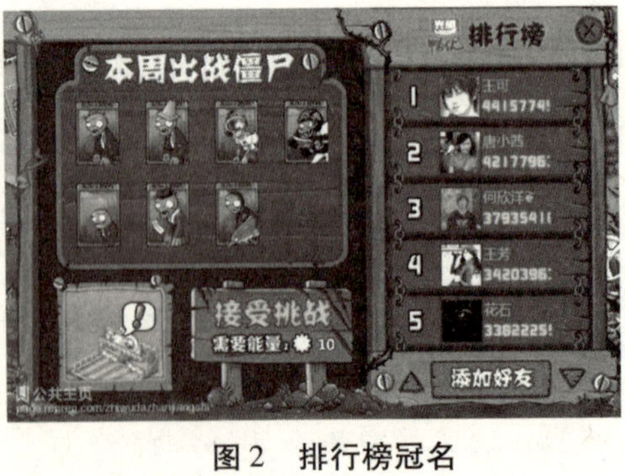

图2　排行榜冠名

2. “光明重点实验室”游戏中感受品牌

除了上述的广告植入，游戏道具的植入似乎影响力更大。通过这样的方式与玩家互动，可以给玩家留下深刻的印象和强烈的刺激，让玩家在游戏的虚拟空间中体验产品的特性，以这种体验互动的方式来提高广告传递的效果。另外，游戏道具作为游戏的组成部分，可以让玩家在毫无戒备的情况下接受品牌的信息，减少玩家的抵触情绪，更利于品牌的推广。

大嘴花道具为“植物大战僵尸”游戏中有力攻击僵尸的主要道具之一，游戏原来的设定是“大嘴花”每次只能吃掉一个僵尸，而本次活动定制的专属道具“超级大嘴花”能够一次性吃下前方出现的整格僵尸，攻击性、战斗力更强，因此能够激发众多玩家获得该道具的兴趣。[①] 玩家通过购买畅优产品，便可赢得游戏内特殊植物卡片——超级大嘴花。

另外，“植物大战僵尸社区版”专门为光明品牌定制冠名游戏建筑——光明重点实验室。活动期间，上线用户100%能够获得光明重点实验室，固定在用户小镇的显眼位置；玩家可以通过游戏内的畅优植物乳酸菌的功能性建筑升级游戏内的植物卡片，让自己的植物具备更强大的战斗功能——实验室可以把大嘴花、阳光菇、土豆雷和磁力菇的工作效率提升15%，或许这样的实验室也暗示着光明饮品有提高活力的作用。[②]

“光明实验室”的设计也煞费苦心，将光明畅优饮品的品牌名称、植物概念、包装形象、游戏专属道具超级大嘴花都装备在这个专属“实验室”之中，实现了品牌特性与游戏的完美结合，从而丰富了品牌在游戏中的植入形象，提高了品牌的曝光度。

---

① 尚薇薇．牵手“植物”概念——畅优植物乳酸菌饮品VS植物大战僵尸［J］．广告导报，2012（5）：88～89.

② 尚薇薇．牵手“植物”概念——畅优植物乳酸菌饮品VS植物大战僵尸［J］．广告导报，2012（5）：88～89.

图3　光明实验室

3．线上游戏带动线下销售

为了配合本次品牌活动，光明还在活动期间创建了专属兑换网站（changyou. icode. cn）。玩家可以通过购买畅优植物乳酸菌饮品三连瓶或四连瓶促销装，然后登录专属兑换网站，输入兑换码后，获取超级大嘴花游戏内道具 CDkey，然后再登录游戏，在“光明实验室”中输入 CDkey，获得相应的游戏道具奖励——超级大嘴花道具，从而有机会在新玩法中获得更高的分数。

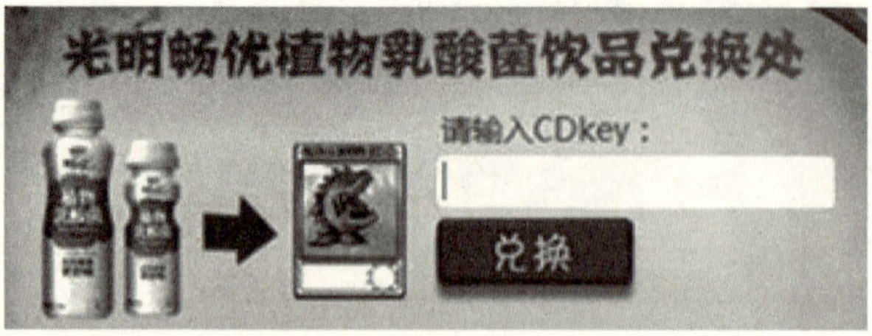

图4　专属兑换

专属兑换网站在活动中，成为线上与线下活动的衔接点，通过兑换，线下产品转化成为虚拟游戏的道具，提高了游戏的趣味性和玩家的参与度。而正因为兑换形式的存在，也使得玩家为了获得道具而产生购买行为。

另外，通过专属兑换网站可以对道具兑换效果进行监控和管理，使品牌主第一时间、直观有效地获取活动效果的真实数据，并进行实时调控。根据检测数据，玩家直接到店兑换，达到了 17 万元的销售额，还有 10 万网民在游戏中进行兑换，实现了相当高的二次转化率，最终给企业提供网络之外线下的销售数据。

4. 精准投放 TVC 给你好看

结合本次合作中的“植物”、“通畅”概念，策划团队组织策划并实施拍摄了创意 TVC，并在主流媒体投放和推广。生动有趣的画面，热点游戏的冲击，产品与游戏的完美融合，将本次活动推向高潮。

TVC 分为三个篇章，分别为超级大嘴花篇、产品促销篇及完整篇。超级大嘴花篇侧重于通过特殊游戏道具吸引消费群体注意并关注本次活动，引起游戏玩家及潜在消费者对游戏道具的兴趣；产品促销篇则侧重于产品促销引导，通过简明生动的视频说明，引导消费者实际参与到本次活动中来。

图 5　TVC 超级大嘴花篇

图6　TVC 产品促销篇

除了在优酷、土豆等网站发布视频之外，光明也根据产品的核心消费者——办公室人群的特点有针对性地制定了广告传播策略，在分众传媒等楼宇 LCD 数字媒体上投放 TVC 广告，使品牌获得了极高的曝光率和关注度，引起植物大战僵尸游戏忠实玩家的注意，并更多地参与到本次活动中来。

5. *有奖活动形成话题讨论*

在新浪微博、猫扑等网站，还开展了《开心一刻之超级大嘴花》视频有奖竞猜、《超级大嘴花与光明畅优植物乳酸菌的故事》四格漫画对白创作等活动。在四格漫画对白创作活动中，网友参与的方式不仅仅局限于实际的创作，不少四格漫画相当幽默诙谐，也因此吸引了不少读者，这样的参与方式也达到了企业想要的品牌传播效果。通过网友的参与、转发来产生话题从而达到宣传的效果，提高其品牌的认知度和辨识度，引起广泛探讨从而促进品牌传播。

三、精准的媒体投放产生与核心消费者深入的品牌互动

1. *产品特性与游戏内容的有效结合*

20 世纪 60 年代的广告大师威廉·伯恩克创立的 DDB 广告国际有限公司根据自身创作积累总结出了 ROI 理论，这一理论要求广告创作要符合三个要求，即 Relevance（相关性）、Originality（原创性）、Impact（冲击力），而此次光明畅优植物乳酸菌与“植物大战僵尸社区版”的结合能取得成功的重要原因，很大程度上就是充分利用了产品特性与热门游戏之间

天然的关联性。

这种关联性不仅表现在产品与游戏内容的物理关联（Physical Relevance），还表现在产品与游戏深层意义上的相关性。游戏中光明畅优植物乳酸菌饮品以迷你版产品的形象出现，“大嘴花”在消灭“僵尸”的过程中需要时间咀嚼、“消化”“僵尸”，而在这一过程中，“大嘴花”的攻击性很低，并且没有自我保护的能力，通过畅优乳酸菌的加速器，可以加快“消化”，恢复战斗力。这样的巧妙植入，让“大嘴花”的形象包含了“植物”、“通畅”、“消化”三个概念，而这些概念恰与光明畅优植物乳酸菌饮品的概念巧妙呼应，使得广告的植入自然、有趣，直白地将产品特性传递给目标消费群，使得消费者在游戏中对产品有了清晰的认识，而且这种有关产品特性的宣传是潜移默化的，比起以往在虚拟游戏中直接植入广告就显得高明得多。

事实证明，结合网络游戏的具体道具或者独特的游戏形象对企业产品进行变形，视觉化地传递比传统的直接复制线下的植入式广告对消费者产生的影响更深，并且这种潜移默化的影响可以消除消费者对植入广告的厌恶情绪，加深消费者对广告的认同。

2. 场景植入和道具植入让产品与游戏巧妙互动

游戏植入式广告近年来也出现了新的发展趋势，与以往的线上直接复制线下形式的广告植入不同，游戏植入出现了场景植入和道具植入的新形式。场景植入就是在游戏场景中植入要宣传、推广的广告内容，让玩家在主观上不容易识别出产品的广告，从而避免了消费者对赤裸裸植入广告的厌恶；而另一种较为新颖的植入广告是道具植入策略，通过广告主直接与游戏的运营商或制作公司进行商议，让其在游戏中运用产品的品牌、外观设计制作新的游戏道具，并且与游戏主题相配合，赋予游戏道具一种新的游戏意义，从而使产品很好地融入游戏之中。

光明畅优植物乳酸菌饮品就是利用了场景植入与道具植入这两种新形式，巧妙地将自身植入植物大战僵尸的线上游戏之中。以产品形象出现具有“加速消化”功效的乳酸菌饮品，通过为“大嘴花”加速消化过程成功地与游戏主题融合，让玩家在游戏的过程中通过使用道具，深化对光明畅优植物乳酸菌促进消化吸收的产品功能的认同。在独立存在的“光明实验室”中，将企业的形象用一个卡通版的“实验室”加以呈现，成功地把企业形象转化为游戏中的角色，并运用了场景植入策略，令对光明产品有兴趣的用户可以通过“光明实验室”了解更多信息。

3. 线上游戏带动线下交易

在光明畅优植物乳酸菌与植物大战僵尸社区版的营销战略中，光明畅优借助线上的活动为品牌造势，其目的是推广植物乳酸菌饮品的促消化功效，最终带动线下产品的销售。但此次活动与其他营销活动有所不同，在线下也开展了“兑换超级大嘴花卡片”的活动，呼应线上游戏的主题，并且通过购买促销包装的产品，消费者可以获得相应的游戏道具，这样就刺激了线下的销售活动。

线下的购买活动所获得的游戏卡片同时又推动了线上游戏，使得游戏与产品形成了线上线下的全方位互动。线下销售与线上游戏都刺激目标消费群体了解更多的产品信息，并影响潜在消费者的购买行为。通过线上这种另类的虚拟体验，使消费者产生线下实体体验的兴趣，提高了产品在玩家中的知名度，通过网络平台引导，把线上目标消费群体引向线下的实体购买。

4. 借助人人网进行精准营销

根据艾瑞咨询发布的《中国社交网络市场研究报告》，SNS 网站的植入式广告已经成为社交平台的一个新增长点，依托社交平台丰富的应用游戏和互动栏目，为植入广告提供了广阔的发展空间。

利用社交媒体在线游戏的植入广告，可以巧妙地将产品的诉求点植入游戏过程中，丰富的互动和合理的设计可以让消费者与品牌之间形成良好的互动，用户不但不反感，还乐于接受并推荐给朋友，从而形成良好的口碑。[①] 除此之外，SNS 平台精准的用户投放也是其区别于其他网络平台的优势，可以通过 SNS 大数据平台对消费群进行分析，从而找到精准的消费群。

光明畅优植物乳酸菌饮品此次的游戏植入活动，就是充分利用自己的目标客户群——爱玩植物大战僵尸的城市白领人群，通过品牌产品的深度植入，与游戏玩家产生深度互动。通过植入活动，将产品的特性植入游戏环节中，使得消费者更容易理解产品的优势特征。这种深度植入的广告活动，不仅改变了过去依赖多次曝光提高知名度的广告宣传模式，而且提高了用户的参与热情与体验兴趣。

光明畅优植物乳酸菌饮品通过植入品牌广告、游戏登录位置冠名以及

---

① 华书刚. 创新植入，在娱乐中精准营销［J］. 销售与市场（管理版），2012（6）：94～95.

每周排行榜冠名，直接覆盖近 100 万粉丝；在优酷、土豆等视频网站上发布视频，以提高曝光率，吸引网友关注，扩大影响面；在分众传媒等楼宇 LCD 数字媒体上投放 TVC 广告，直接有效覆盖品牌核心受众，获得极高的曝光率及品牌关注度，并引起植物大战僵尸游戏忠实玩家的注意，更多地参与到本次活动中，扩展品牌互动效应。而兑换活动网站页面累积浏览量为 3 269 625 次，兑换活动网站独立 IP 浏览量为 1 000 812 次，持包装背面兑换码至活动网站兑换的累积总数为 171 309 个，进入游戏内兑换超级大嘴花的累积总数为 110 506 个，游戏内“光明实验室”被点击的累积总数为21 780 976次。此次光明的游戏植入营销可谓大获成功！

后　记

在数字媒体大行其道、数字生活方式日趋普遍的今天，对数字营销战略与策略的研究显得尤为重要和迫切，本书正是在这样的背景下出版的。

感谢我的研究团队成员李梓菡、徐泽鑫、宋鹤、杨志慧、邓强、藏谋宝、许越和尹吉洁，在短短半年多时间里，从案例甄选和撰写，问卷设计、发放、回收，到数据分析、调研报告的写作，他们通力合作，高质量地完成了各项研究任务。没有他们的努力，本书不可能顺利出版。

感谢暨南大学新闻与传播学院的林如鹏教授、范以锦教授、杨兴锋教授、支庭荣教授、杨先顺教授、张晋升教授、曾建雄教授和申启武教授，他们的支持和鼓励是我在学术领域中不断探索前行的动力。

感谢暨南大学出版社的史学英编辑，他的友善与敬业令我难忘。

感谢恩师卢泰宏先生。自称即将步入“70后”的他仍在学术的高峰上攀爬，近来更是通过微信给我们这些早已走上工作岗位的学生传道授业，他不断追求人生价值的崇高精神一直激励着我，偶有懈怠，就仿佛见其在旁，愧疚之感油然而生。

感谢我的妻子张宁、父亲欧阳华、母亲陈菊英、岳父张利明和岳母牟爱玉，他们承担了大量的家庭事务，使我能够集中精力开展研究工作。感谢刚满三岁的儿子阳佳峻，他的活泼与创意给我的生活带来了无限的生机和盼望。

同时我还要感谢这个时代。虽然我常常感慨数字媒体“偷走”了我的时间，但我还是要感谢它给我们带来的便利，令远隔千山万水的你我的距离也不过在咫尺之间。

谨以此书献给每一位生活在数字时代的人们！

阳　翼

二〇一三年六月

于暨南园